# Tom Cox

## et l'œil du pharaon

**DU MÊME AUTEUR**

*Tom Cox et l'Impératrice sanglante*, 2001

Illustration de couverture : François Roca



Dépôt légal : mars 2002

Isbn : 2-02-053159-3

N° 53159-2



www.seuil.com

Franck Krebs

# Tom Cox
## et l'œil du pharaon

Seuil jeunesse

*Ether inspira profondément. L'air lourd de pollens emplit ses poumons. Le soleil coulait en cascade sur les feuilles des chênes dont le vert tendre se découpait sur l'ombre bleue de la forêt. Tout autour, un charivari de sons : bourdonnements d'ailes, stridulations d'élytres, craquements de branches semblables à ceux d'un immense navire cueilli par les flots après des mois d'immobilité. Une fois encore, le miracle du printemps avait lieu. Ether en était le témoin privilégié. Bientôt il éprouva jusqu'à la montée de la sève dans les tiges, cette poussée de vie qui parcourait les troncs, frémissait dans chaque feuille et crevait les bourgeons. Il avait quitté le village des elfes à l'aube car il avait perçu cet appel dans tout son être et aucune force au monde n'aurait été capable de le retenir. Comme en transe, il avait gravi la montagne, enjambé les rivières de cristal, escaladé les arêtes rocheuses encore couvertes de mousse et avait rejoint ce lieu qui surplombait la vallée.*

*Il ferma les yeux pour que retentisse la musique de la nature.*

*Il lui fut impossible de cerner ce qui rompit le charme. Comme une fêlure invisible dans une coupe parfaite, la symphonie qui l'emportait le blessa soudain. Avant qu'il réalise ce qui lui arrivait, la communion était brisée, il était redevenu lui-même. La fêlure était là. Il la sentait, tel un nœud solide dans l'harmonie du monde.*

*L'angoisse l'étreignit, l'obligeant à se redresser.*

*Il observa le ciel limpide, les bois, l'herbe qui chatouillait ses paumes. Tout semblait paisible. Mais le malaise persistait, niché au creux du paysage. Oui, c'était là, quelque chose s'était altéré, quelque chose d'indicible et de torturant. Ether ne savait que faire. Il lui était simplement interdit de détourner son regard de l'horizon. Car le danger venait de cette ligne verte, d'apparence si sereine.*

*Une longue minute s'écoula sans que rien ne bouge. Puis soudain, il distingua la source de sa peur.*

*Ce ne fut d'abord qu'une piqûre rouge sur cette masse émeraude, pas plus large qu'une brûlure de cigarette. Une sorte de tache écarlate qui croissait, croissait, aussi inexorable que l'écoulement d'un torrent. Il entendit un bruit, une déchirure dans l'air qui allait s'amplifiant et battait à ses oreilles. Il put enfin trouver le mot exact : un crépitement. L'explication du phénomène lui vint en même temps que le mot : le feu ! Pas un petit foyer allumé par des chasseurs, ni un incendie de forêt comme il en survient parfois après l'orage. Un embrasement.*

*La tache rouge gagnait tout l'espace, progressait comme un raz de marée. Il fut tenté de hurler ou de fuir, mais la panique le clouait sur place. Une montagne de flammes barrait la perspective. Elle venait droit sur son village, droit sur lui. Déjà le ciel s' obscurcissait sous une fumée noire et épaisse. Les yeux écarquillés, les traits déformés par l' épouvante, Ether voyait la mort s' approcher comme un astre rouge tombé sur le sol. Le feu léchait les premières maisons. Il croyait entendre les hurlements des siens mêlés aux craquements des mâchoires de feu, l' explosion des demeures dévorées par le brasier. Était-ce la fin du monde ? En quelques secondes son village et ses habitants avaient sombré dans le néant. Il faisait nuit à présent. L' air brûlait sa peau. Des étincelles jaunes tournoyaient autour de lui, mélangées à de petites particules charbonneuses. Il implora de l' aide, mais la muraille de feu avalait la montagne. Bientôt la fournaise serait sur lui et l' envelopperait.*

*Un cri inhumain allait jaillir de sa poitrine, enfin. Le feu se dressait jusqu' au ciel. Le cri retentit à l' instant où des gerbes ardentes l' atteignirent.*

# 1

« **Le premier** qui bronche, je l'écorche vif! »

S'il y a une chose que je déteste, ce sont les situations désespérées. Pourtant j'en ai eu mon compte ces derniers mois... Eh bien! je n'arrive pas à m'y faire! Je ressens comme un ballonnement dans l'estomac et une moiteur dans la paume des mains, deux sensations particulièrement désagréables.

« La vie n'est pas toujours rose », répète souvent mon père qui veut jouer les sages. Mais je suis loin de posséder son flegme. Enfin, c'est une façon de parler, car il est du genre à ne pas attendre trois heures pour se mettre en pétard lorsque surgissent les contrariétés. Moi, j'ai tout de suite envie de crier, de tout casser autour de moi pour qu'un miracle s'accomplisse. Évidemment, ça ne marche jamais!

D'ailleurs, il valait mieux que je ne me laisse pas aller à ces petits débordements aujourd'hui. J'étais dans la position du condamné à mort en sursis et toute rébellion aurait été lourdement sanctionnée.

Les canines aiguës de M. Virulos se plantèrent dans ses lèvres pâles. Une lueur satanique traversa ses prunelles vertes. Il prenait un réel plaisir à semer la terreur.

À peine entendait-on les respirations oppressées de ses victimes au bord de l'évanouissement.

« Vous avez une demi-heure. Ce sera sanglant pour ceux qui n'auront pas le temps de finir. Quant à ceux qui donneront de mauvaises réponses... Je préfère ne pas détailler les supplices qui les attendent ! Je peux seulement dire qu'ils ne sont pas près d'oublier cet échec. »

Une rotation rapide du poignet fit apparaître une montre en acier.

« Top chrono ! Et que je ne vous entende même pas respirer ! »

Le professeur baissa la tête et se plongea dans la lecture d'un magazine.

On pouvait sentir la panique épaissir l'atmosphère. Elle entravait nos mouvements, pétrifiait nos cervelles.

Willie-mâchoire-d'acier lui-même n'osait pas poser la plume de son stylo sur sa copie de crainte que le crissement n'attire l'attention de notre tortionnaire. Sa longue expérience de fayot lui était totalement inutile. Lui qui d'habitude noircissait des feuilles doubles en chantant les louanges de ses professeurs restait à sec. Je contemplai sa face blanchâtre de navet à lunettes. Pour un peu je l'aurais plaint. Sa langue passait sur son appareil dentaire au risque de le décrocher. Ce qui relevait de l'exploit, parce qu'il possède bien un kilo de ferraille autour des dents.

De grosses gouttes de sueur coulaient sur le front de ma voisine, Alice. Elle les laissait tomber sur sa feuille, décolorer l'encre noire en d'immondes pâtés plutôt que de chercher un mouchoir dans son cartable.

Dans ces conditions, je ne voyais pas qui pouvait réussir le dernier contrôle du trimestre, celui qui comptait pour notre passage dans la classe supérieure.

Comme si cette échéance n'était pas en soi suffisamment paralysante, M. Virulos avait affecté un coefficient huit à cette interrogation. Et ce sadique n'avait cessé de faire grimper la pression depuis une semaine.

Une demi-heure pour répondre à cent questions ! Je regardai les photocopies posées devant moi.

*Indiquez le numéro de la page de votre manuel qui commence par le mot « Pissenlit ».*

*À quel âge Victor Hugo perça-t-il sa première molaire ?*

*Combien de lignes comporte la définition du mot « psychopathe » dans l'édition 1956 du dictionnaire Larousse ?*

J'avais besoin d'une sacrée chance pour obtenir un seul point ! Ce qui me consolait, c'était que mes camarades devaient partager mon désarroi. Nous nous jetions des œillades éperdues. À ce compte-là, la classe entière repiquerait son année de cinquième.

Car j'avais réintégré ma classe au collège de la Source. Je parlais de miracle tout à l'heure : mon retour dans cet établissement en était un. En février, lorsque j'étais parti chez ma tante Anna, j'étais un banal écolier de douze ans et demi. Enfin, banal si l'on oubliait qu'avant mon départ j'avais été menacé d'un conseil de discipline à cause de mon attitude envers William Denis, chouchou des professeurs et cancrelat immonde, prêt à dénoncer sa propre mère en échange d'un vingt. Depuis j'avais combattu l'astrologue Yao, échappé à l'impératrice Wu et tenu tête à Mordom Horpilleur, le maître des ténèbres. Ces aventures inattendues avaient quelque peu influencé mes résultats scolaires. On ne peut pas dire que je brillais par mes bonnes notes.

La situation au collège de la Source s'était nettement dégradée.

Notre principal avait été victime d'une chute lors d'un week-end au ski. Le pauvre homme passerait la fin de l'année à l'hôpital en attendant la réduction de multiples fractures. Je l'imaginais saucissonné dans des bandages, englouti sous des tonnes de plâtre, les membres reliés à des poulies, incapable de lever le petit doigt sans douleur. Une vision cocasse !

L'équipe des professeurs avait, elle aussi, subi une véritable hécatombe. Mme Renard, notre prof de français, avait été frappée par une dépression. Elle fondait en larmes dès qu'elle s'asseyait derrière son bureau. Un beau jour l'administration avait fini par l'envoyer en maison de repos. Des infirmiers étaient venus la chercher à la fin d'un cours. Ils avaient dû la porter en civière jusqu'à l'ambulance qui stationnait devant les grilles. La prof de physique, Mme Ozcourt, avait cramé tous ses cheveux lors d'une expérience et elle séjournait maintenant aux États-Unis où les meilleurs chirurgiens esthétiques se penchaient sur son crâne. Ils expérimentaient de nouvelles greffes à partir de fourrure animale. Quant à M. Rochon, il avait abandonné les mathématiques. Une fortune gagnée au Loto lui avait permis d'accomplir son rêve : planter des légumes dans une villa du sud de la France et les regarder pousser béatement.

Bref, ce joli petit monde avait été remplacé et les nouveaux arrivants, s'ils avaient eu vent de mon cas, étaient trop occupés à reprendre l'établissement en main pour se soucier d'un élève en particulier. Comme l'avait précisé le nouveau principal, je bénéficiais d'un non-lieu provisoire. Il me suffisait donc de ne pas céder aux provocations quotidiennes de Willie pour conserver ma place au collège.

Qui sait cependant si mon renvoi n'aurait pas été préférable ?

Autrefois en effet, le collège était un lieu assez sympathique où je pouvais venir l'âme tranquille, prêt à rêvasser ou à papoter avec les copains. Désormais c'était une prison que dirigeaient des dictateurs dont le seul objectif était de nous faire mourir au travail. Une rumeur alarmiste affirmait que le principal remplaçant portait un gilet pare-balles lors de ses sorties dans la cour. Cette idée saugrenue semblait confirmée par le volume extraordinaire qu'atteignait son veston et par sa démarche de cosmonaute. La charmante cloche avait été remplacée par un enregistrement de clairon dont le volume faisait s'entrechoquer nos dents. Les malheureux qui traînaient dans les couloirs lorsque cette sonnerie se mettait en marche avaient les tympans percés. Les places réservées aux cancres, le long des fenêtres ou proches des radiateurs, avaient été redistribuées aux bons élèves. Et nos tyrans avaient même poussé le vice jusqu'à nous imposer de partager les tables selon une règle affreuse : une fille à côté d'un garçon ! Nos voisines ouvraient des yeux grands comme des soupières si nous tentions d'amorcer la moindre discussion... et nous faisions semblant de vomir dès qu'elles parlaient de leurs chanteuses favorites ou des dernières pinces à cheveux clignotantes. Bref, nous étions contraints au silence.

J'avais tout de même un peu plus de chance que les autres, car j'avais hérité d'Alice comme voisine. C'est une de mes amies et je passe de temps à autre chez elle après les cours. Pour une fille, elle est chouette, elle aime le football et s'y connaît pas mal dans la composition des équipes. Mais elle est du genre sérieux et attache beaucoup trop d'importance à ses notes pour perdre une minute du cours. Elle n'accepte de me parler que pendant les interclasses, ce qui n'est pas commode avec le hurlement de la sonnerie.

Tous ces changements n'auraient pas grande importance s'ils ne nous avaient pas confrontés à un monstre haineux : M. Virulos. Je n'ai jamais vu un enseignant de ce type depuis que je suis élève, et ça fait maintenant un bail que j'use mes fonds de culotte sur les chaises de l'école ! Ce prof offre un parfait mélange de Dark Vador et de Jack l'Éventreur. Il est toujours vêtu d'un long manteau noir qui flotte autour de lui comme les ailes d'une chauve-souris ; même lorsqu'il fait cours, il ne le quitte jamais. Son visage, d'une blancheur de craie, est traversé par une large balafre. Elle donne l'impression qu'il va vous sauter dessus pour vous débiter en tranches à l'aide d'un couteau dissimulé sous les pans de son manteau. Jamais il ne hausse la voix, il n'en a pas besoin. Un seul de ses regards vous fait rendre l'âme. Et quand il ouvre la bouche, c'est pour dévoiler des canines de pitbull prêt à mordre. Il ne sait pas ce que veut dire encourager les élèves. Son passe-temps favori consiste à nous angoisser. Il nous jette nos copies au visage, comme s'il s'agissait de hachoirs qui allaient nous fendre le crâne, nous épuise sous des avalanches de devoirs et prétend que, si nous n'avons pas le temps de les faire dans la journée, il nous reste la nuit...

Au début, nous ne le prenions pas au sérieux. Mais Pierrot Piboule, un gars consciencieux, était arrivé un matin sans sa feuille d'exercices, ayant oublié de la mettre dans son classeur la veille. Il n'avait d'ailleurs pas eu le droit de la rapporter l'après-midi. En deux secondes, il s'était vu offrir un abonnement aux colles du mercredi jusqu'à la fin de l'année. M. Virulos ne s'était pas arrêté là. En un éclair, il avait bondi sur le cahier de textes et, sans motif apparent, en avait asséné un grand coup sur la tête de Pierrot, qui avait vu trente-six chandelles. Puis, tout en reposant cette massue improvisée, il avait expliqué à notre camarade que son année était fichue, qu'il veillerait personnellement à le faire redoubler, qu'il trafiquerait ses notes si jamais celui-ci essayait de se rattraper ! Pierrot s'était mis à pleurnicher comme un bébé, bredouillant que ce n'était pas sa faute. La face du prof s'était alors épanouie. On voyait à quel point les supplications du malheureux le mettaient en joie. Plus Pierrot bégayait, plus Virulos exultait. À la fin, le prof avait susurré : « Les mauviettes je les broie ! Il faut assumer ses actes. Que cet exemple vous serve de leçon ! »

Alice, qui est la déléguée, avait fait preuve d'un courage hors du commun. Elle avait levé le doigt et avait pris la défense de notre camarade : « Un oubli peut arriver. Vous n'avez pas le droit...

– Pas le droit ! avait tonné Virulos, soudain écarlate. J'ai tous les droits ! Ce ne sont pas des gamins qui vont faire la loi dans ma classe. D'ailleurs, si un seul d'entre vous parle de ce qui s'est passé aujourd'hui, je lui réserve un traitement spécial. J'adore m'occuper des mouchards. Et croyez-moi, ce qui arrive à votre copain est une véritable partie de plaisir en comparaison de ce qui vous attend si vous vous plaignez ! »

Depuis, plus personne n'osait répliquer. Nous faisions nos exercices plutôt deux fois qu'une et certains s'étaient munis d'un biper pour penser à vérifier chaque demi-heure que leur copie était toujours dans leur cartable.

Ma réputation de perturbateur était sûrement parvenue aux oreilles de M. Virulos. Il m'avait accueilli avec un « Bienvenue au club, monsieur Cox. Je suis impatient d'assister à vos exploits ! Cela me donnera l'opportunité de sévir ! » en guise d'avertissement. J'en avais conclu qu'il valait mieux rester discret. De toute manière, j'avais appris à me contrôler grâce aux leçons de Max et de tante Anna et j'étais décidé à éviter le moindre dérapage. De surcroît, je me souvenais des recommandations expresses de ma tante : « Pas question d'utiliser tes capacités. »

Heureusement l'année scolaire touchait à sa fin. Dans une semaine auraient lieu les conseils de classe, nous serions fixés sur notre sort et partirions en vacances nous remettre de ces mois d'effroi. Enfin, la plupart de mes copains suivraient ce plan : plage, farniente, jeux, veille, rigolade. Pour ma part, je continuerais mes études. Des études très originales qui m'obligeraient à affronter des périls auprès desquels M. Virulos n'était qu'un clown. Foi de Tom Cox, je n'allais pas céder à la panique. Du haut de mes treize ans, j'avais survécu à des épreuves autrement plus redoutables !

# 2

**Nos cartables** semblaient remplis de galets quand nous avons quitté le collège ce soir-là. Aucun d'entre nous n'était d'humeur à rire. Le couperet du redoublement menaçait nos nuques, car personne n'avait été capable de fournir la moindre réponse à l'interrogation de M. Virulos. Une moue chagrine barrait le visage d'Alice qui traînait les pieds à mes côtés. Je crois qu'au cours de toute sa carrière d'élève elle n'avait jamais obtenu une seule note en dessous de la moyenne ! Avec un tel tableau de chasse, je comprenais que la perspective d'un zéro puisse la déprimer. Moi-même, qui avais accumulé un joli nombre de bulles, je ne parvenais pas à me moquer de ce résultat. Le procédé employé par notre prof était trop déloyal. Mais que pouvions-nous faire ? Les adultes ne croient jamais les enfants. Encore moins si ce sont leurs propres enfants.

Tante Anna, elle, aurait prêté une oreille attentive à mes malheurs. Mais elle était loin et, même si elle m'avait confié une boule de cristal pour la contacter en cas d'urgence, je ne souhaitais pas la déranger pour une affaire ayant si peu de rapport avec son univers. Elle m'écouterait, me consolerait, sans proposer de solution.

Je comprenais qu'il était inutile de raconter mes déboires ou ceux de mes camarades. Mes parents refuseraient d'imaginer qu'un de mes professeurs ait pu nous soumettre à une interrogation aussi invraisemblable. Cent questions en un laps de temps aussi bref ! Et cent questions de ce genre ! Si au moins j'avais pu conserver une trace de ce devoir. Mais notre persécuteur s'était bien gardé de nous laisser ses photocopies. Dès la fin du contrôle, il s'était rué sur les liasses de papiers pour faire disparaître les preuves de son mauvais esprit. Pas une seconde mes parents ne prêteraient foi à mes accusations. À leurs yeux, le sadisme de M. Virulos se transformerait en sévérité, sévérité dont nous avions bien besoin. Et mon échec serait mis sur le compte de mon manque de travail. Quant à dénoncer le chantage dont nous faisions l'objet, autant dire que cet enseignant était un dément à peine échappé de l'asile. C'est d'ailleurs parce qu'il se savait totalement couvert que notre prof agissait de la sorte. Ses méthodes étaient beaucoup trop barbares pour qu'on en soupçonnât l'existence. Lorsqu'il convoquait des parents, M. Virulos singeait la douceur et le désespoir d'un enseignant totalement dévoué à ses élèves. Il se plaignait de notre inattention, vantait ses mérites et les efforts acharnés que lui demandait notre éducation. Dans l'esprit des parents, c'était un martyr qui consacrait sa vie à nos chères têtes blondes. Ce double jeu était exaspérant, car nous nous sentions totalement impuissants devant une telle perversité. Il ne nous restait qu'à subir en silence, à accepter la cruauté de ce maître en roublardise.

« Ne t'inquiète pas, murmurai-je à ma camarade, tes moyennes sont excellentes dans toutes les matières. Tu ne vas pas repiquer à cause du français. »

Alice s'arrêta net. Elle leva des yeux que voilaient des larmes difficilement contenues.

« Il n'a pas le droit d'agir ainsi. Nous ne devons pas le tolérer. C'est de l'abus de pouvoir. Parce que nous dépendons de notre professeur, il se croit tout permis. On nous répète sans arrêt qu'il faut lutter contre ce genre de comportement.

– Nous sommes coincés, répliquai-je. Qui nous fera confiance ? C'est notre parole contre la sienne. »

La colère rougissait les joues d'Alice. Je ne l'avais jamais vue dans un tel état. Ses prunelles lançaient des flammes et ses mâchoires se crispaient avec détermination.

« Très bien ! lança mon amie. Puisque l'honnêteté ne nous mène à rien, nous allons nous mettre à son niveau. Après tout, c'est une façon comme une autre de lui montrer que nous avons retenu ses leçons ! »

Je sursautai. Était-ce bien la sage Alice qui venait de proférer ces paroles ? Celle qui ne rendait jamais une rédaction en retard, qui préférait être passée à la moulinette plutôt que de ne pas apprendre ses cours et qui vouait à ses enseignants une admiration sans bornes ?

« Tom, j'ai besoin de ton aide. »

Elle avait agrippé mon poignet et le serrait convulsivement.

« M. Focil a programmé un film sur le trésor de Toutankhamon pour demain. Nous allons profiter de cette projection pour nous éclipser et voler un questionnaire. Ma mère fait partie de l'association des parents d'élèves. Preuve en main je lui montrerai à quoi s'amuse Virulos. Elle convoquera les autres parents. Une fois qu'il sera démasqué, je ne donne pas cher de son opposition à notre passage en quatrième pendant le conseil de classe. »

Je demeurai bouche bée. Alice était en train de me proposer d'accomplir un délit. Elle envisageait de sécher un cours, de s'introduire dans la salle des profs, de forcer un casier et de subtiliser un document, sans plus sourciller que s'il s'agissait de confectionner un gâteau au chocolat !

« Une minute ! Qu'est-ce qui te dit que nos devoirs seront bien dans le casier de Virulos ? Il les aura peut-être emportés chez lui pour les corriger ? Ou peut-être sont-ils bien au chaud dans son cartable ? »

Alice partit d'un rire léger.

« Tu n'es pas assez observateur, Tom. M. Virulos quitte le collège sans son sac. Ce qui veut dire qu'il n'emporte jamais ses copies chez lui. Il doit les corriger dans la salle des profs.

– Ou dans sa salle de cours !

– Non. C'est un nouveau dans l'établissement. On ne lui a pas attribué une salle particulière. Le lundi nous sommes en salle 25, le mardi matin en 32, l'après-midi en 12. Je ne vais pas te réciter tout notre emploi du temps.

– D'accord, mais son cartable ? Il peut y conserver tous ses papiers.

– Manque d'observation à nouveau, triompha Alice. La pile des devoirs était beaucoup trop haute pour tenir dans son sac. Il a d'ailleurs quitté la salle en la portant sous le bras. »

Les capacités d'observation de ma camarade m'époustouflaient. Je ne soupçonnais pas une seconde qu'elle ait été si attentive à tous ces détails. Apparemment, rien ne pourrait plus l'arrêter. J'étais à la fois éberlué et admiratif. Alice ne manquait pas d'aplomb.

« Tu sais que si nous sommes pris, ce sera le renvoi immédiat !

– Il ne faut donc pas se faire prendre... »

Je tendis la main à ma complice pour sceller notre accord. Elle la claqua avec fermeté. Décidément le collège allait bientôt devenir aussi palpitant que la maison de tante Anna !

Comme je me retournais pour jeter un dernier coup d'œil à notre établissement, je remarquai la présence de Willie-mâchoire-d'acier. Le fourbe se tenait à peine à quelques mètres de nous. J'ignorais depuis combien de temps il stationnait dans les parages, mais sa mine coupable ne me disait rien qui vaille. Si ce lèche-bottes avait entendu notre conversation, nous risquions d'avoir de sérieux problèmes. Ce rat n'hésiterait pas à nous dénoncer. Il espérerait regagner ainsi les faveurs de M. Virulos et obtenir son passage en quatrième avec les félicitations. Inutile de lui expliquer que cette attitude ne servirait à rien avec un être aussi vicieux. Inutile aussi d'essayer de lui faire comprendre que nous allions agir pour le bien de la communauté. Willie est un égoïste infâme, qui ne songe jamais qu'à lui-même. Le sourire chafouin qu'il affichait me mit la puce à l'oreille. Il nous narguait, sûr de tirer parti de la situation. Comment se débarrasser d'une telle vermine ? Il resterait muet jusqu'à ce que nous ayons commis le vol, mais, dans la seconde qui suivrait, il serait dans le bureau du principal à déballer toute l'affaire.

Alice devait éprouver les mêmes craintes que moi : elle avait pâli et conservait une immobilité de statue.

J'avais promis à tante Anna de me comporter en écolier modèle, de ne pas me faire remarquer en utilisant des dons pour le moins particuliers. Tant que je ne maîtriserais pas suffisamment mon énergie, je devais éviter d'y avoir recours. J'avais failli craquer plus d'une fois, trouvant néanmoins toujours le courage nécessaire pour me contenir.

Aujourd'hui cependant, la situation était tout autre. Sans mon intervention, notre plan allait tomber à l'eau et Virulos remporter la victoire. Je pris rapidement ma décision. Après tout, c'était pour le bien de tous.

Willie n'avait pas bougé d'un pouce. Seul son sourire

s'était épanoui. On avait maintenant l'impression qu'il ricanait ouvertement. Ses lèvres entrouvertes découvraient son appareil. C'était à peine si on distinguait ses dents derrière les fils d'acier et les crochets qui encombraient sa bouche.

Les yeux fermés, je concentrai toute mon énergie mentale sur la bouche de Willie et ses merveilleux bitoniaux métalliques. Voilà ! Le tour était joué !

Un grognement affolé me fit rouvrir les paupières. Willie gesticulait dans tous les sens, éparpillant sur le trottoir ses livres et ses cahiers qui avaient fusé hors de son cartable. Il sautait comme un diable, les yeux écarquillés, en proie à une immense frousse. On voyait les efforts surhumains qu'il fournissait pour articuler des sons compréhensibles. Hélas, les éléments de son appareil dentaire s'étaient tous enchevêtrés, soudés les uns aux autres. On ne distinguait plus qu'un inextricable fouillis de ferraille. Willie ne pouvait plus proférer un seul mot intelligible. Il avait besoin d'une visite urgente chez l'orthodontiste. Et vu les dégâts, une seule séance ne suffirait pas à lui rendre la parole !

Alice se tourna vers moi et balbutia :

« Je... Je... Je crois que nous n'avons plus rien à craindre de sa part. La chance est avec nous ! »

J'acquiesçai. Je ne pouvais tout de même pas lui dire que la chance en question, c'étaient mes pouvoirs !

# 3

**À la maison**, mon seul confident était Tooloo, mon Furby. Après tout, il avait partagé mes aventures dans la Chine de l'impératrice Wu et ce n'était pas parce qu'il était redevenu un vulgaire jouet de plastique sans parole ni mouvement que j'avais oublié la part active qu'il avait prise dans ma mission.

Chaque soir, après l'école, je m'enfermais dans ma chambre et lui racontais ma journée. Peut-être mes mots lui parvenaient-ils et, malgré son mutisme, partageait-il ma détresse. Je caressais sa fourrure synthétique et, parfois, m'attendais à le voir déployer ses ailes en lançant quelques vantardises de sa voix éraillée d'aiglon.

Plus rarement, j'extirpais du tiroir de mon bureau le talisman que j'avais arraché aux mains de l'astrologue Yao. La Perle noire, dépourvue de toute puissance maléfique, luisait dans son écrin. Il me suffisait de la contempler pour que me reviennent en mémoire les visages de mes compagnons : Nuage, sa sœur Pivoine et le gardien de la Porte. Où étaient-ils désormais ? Mon compagnon avait-il ouvert un fast-food comme il en avait l'intention ? Avait-il lancé la mode du hamburger dans la Chine des Tang ? Je regrettais cette semaine de ma vie, même si j'avais plusieurs fois frôlé la mort. Durant ces quelques jours, j'avais été réellement moi-même, sans dissimulation ni mensonge : Tom Cox, apprenti sorcier. Quel bonheur d'être accepté pour ce que l'on est !

Ces instants de nostalgie étaient l'unique réconfort que je trouvais dans mon foyer. Mon père m'avait fait comprendre qu'il ne voulait pas entendre parler de mon initiation et ma mère respectait sa décision.

Bien sûr mes parents étaient toujours affectueux, mais, en refusant une part importante de ma vie, ils me plongeaient dans un malaise extrême. J'aurais tant souhaité qu'ils me soutiennent et m'encouragent. Qu'ils soient fiers de moi, comme l'avaient été tante Anna, Max et Cassandra lors de mon retour de la première Porte... Il y avait désormais un fossé entre nous et j'avais peur qu'il ne se creuse de plus en plus. Je surprenais parfois les regards inquiets de mon père, quand il pensait que j'étais trop occupé pour faire attention à lui. Ma mère, elle, débordait parfois d'attentions puis, comme si elle avait craint de s'être laissé emporter, fuyait dans la cuisine préparer le repas ou ranger les placards pour la dixième fois.

Bref, je n'avais personne à qui parler, personne avec qui partager mes soucis et mes interrogations sur l'avenir. J'étais à part. Une sorte d'extraterrestre au sein de ma propre famille.

Le projet d'Alice, si extravagant qu'il paraisse, faisait renaître en moi le frisson de l'aventure. Bien sûr, il était sans commune mesure avec une épreuve magique. Pourtant l'idée de se soustraire à la surveillance de M. Focil, de s'introduire dans un lieu interdit pour s'emparer des copies, se révélait des plus excitantes. Je livrai nos plans à Tooloo en lui chatouillant le ventre. Il entama une danse effrénée que j'accueillis comme un présage de réussite. De toute façon, je pouvais, en cas de pépin, faire appel à mes pouvoirs. Un simple effort de concentration et les copies déserteraient leur casier pour atterrir dans mes bras !

Ce soir-là, comme le repas s'achevait, mes parents ne se précipitèrent pas sur la télévision pour déguster leur café devant un film. Ils s'attardèrent à table, se jetant des regards embarrassés. Ma mère chiffonnait sa serviette et mon père émiettait son quignon de pain. Ils vidaient la cafetière à intervalles réguliers. À ce rythme, ils allaient finir par exploser ! Mon père posa sa cinquième tasse de breuvage tiédi, et me fixa longuement.

« Fiston, ta mère et moi tenons à te parler. »

Sa voix manquait d'assurance et je voyais les phalanges de ses doigts se crisper sur la porcelaine. S'il ne se décidait pas rapidement, la tasse n'y résisterait pas !

« Voilà, nous allons quitter Paris. »

Alors là, j'étais assommé. Quitter la cité, les copains, Alice, le collège de la Source ! Quoique je ne regretterais peut-être pas le collège vu ce qu'il était devenu en quelques mois. Tout de même, c'était un sacré bouleversement. J'étais né et j'avais grandi dans le dixième arrondissement. Je n'imaginais pas une seconde devoir le quitter un jour. Bien sûr, lors de mon premier séjour chez tante Anna, j'avais craint de ne pas revenir de sitôt. Mais je n'avais jamais envisagé de vivre définitivement ailleurs. Cette nouvelle m'atterrait. Décidément, depuis que j'avais découvert la part surnaturelle de ma personnalité, j'allais de chamboulement en révolution. Je sais que la plupart des enfants de mon âge m'auraient envié. Après tout, il n'est pas donné à tout le monde d'être un sorcier et d'utiliser ses dons. Mes camarades auraient bavé de jalousie en apprenant que je pouvais déplacer les objets sans les toucher, les faire apparaître à ma guise ou me rendre invisible quelques secondes. Moi, je doutais que ces pouvoirs soient un réel atout : ils me faisaient risquer ma vie, rendaient mes parents malheureux et les obligeaient à changer d'existence.

« Ma société me propose un nouveau poste dans une filiale de Tours, continuait mon père avec gravité. Nous avons hésité, mais cet arrangement présente beaucoup d'avantages. D'abord, c'est une promotion et je serai augmenté. Ta mère va demander une mutation dans une bibliothèque de la région. Le temps qu'elle l'obtienne, elle pourra aménager notre nouvelle maison. Je crois que ce déménagement facilitera aussi tes allées et venues chez tante Anna. Nous habiterons plus près de chez elle et ça nous simplifiera la vie. Dans les années à venir, tu vas être amené à lui rendre de fréquentes visites... »

Ma mère heurta son verre qui faillit se renverser sur

la nappe blanche. Toute mention de mon éducation magique accroissait sa nervosité. Je pouvais disparaître, rester prisonnier d'un monde parallèle, succomber lors d'une épreuve... Une kyrielle de situations qui n'étaient pas de tout repos pour l'esprit d'une mère.

« Bien sûr, nous ne ferons rien sans ton accord. Je sais que tes amis sont ici, que tu aimes ce quartier et que tu n'as jamais connu d'autre endroit. Je ne te demande pas une réponse immédiate. J'aimerais seulement que tu réfléchisses à cette possibilité. Il faut que nous soyons tous partants. Ta mère est prête à s'installer en province. Moi aussi. La décision te revient. Disons que dans une semaine, quand tu auras pesé le pour et le contre, tu nous diras ce que tu en penses. »

Ce qui m'étonnait le plus, c'était de voir mes parents décidés à un tel sacrifice. Dire que je les accusais d'indifférence ! Ils cherchaient au contraire à me faciliter la vie. C'était le moment ou jamais de parler. À ne rien se dire, on passe à côté les uns des autres. Je m'en voulais d'avoir gardé pour moi ma rancœur.

« Je croyais que tu étais opposé à mon apprentissage, dis-je à mon père.

– Tom, je vais être honnête avec toi. »

Il s'était calé sur sa chaise et frottait son front comme pour chasser les rides qui le plissaient.

« Oui, j'aurais préféré que tu sois un enfant puis un adulte normal. J'ai beaucoup souffert à cause de la sorcellerie. Je me suis retrouvé orphelin, privé de l'affection de mes parents. Ceux-ci ont choisi de lutter contre le mal. C'est une attitude très noble, sans doute, mais je ne peux pas m'empêcher de croire qu'ils ont préféré la magie à leur fils. C'est la raison pour laquelle je ne parle plus à tante Anna. Elle était de leur côté. Elle n'a rien fait pour les retenir. »

Un tremblement modifiait la voix de mon père. Je n'avais pas l'habitude de le voir si ému. Je savais que tante Anna avait souffert et souffrait encore de la disparition de son frère et de sa femme. Ce n'était pourtant pas le moment de prendre sa défense. Mon père n'aurait pas accepté mes arguments. La blessure était encore trop vive.

Quoi qu'il lui en coûtât, mon père poursuivit : « Rien n'est plus important que toi. Quand j'ai passé le rite d'Annulation suprême, j'ai renoncé à mes pouvoirs, croyant ainsi libérer aussi mes enfants. Je me suis trompé. Bientôt tu auras le choix, toi aussi. J'espère que tu prendras ta décision en connaissance de cause. D'ici là, ton éducation doit être menée à bien. Je ferai tout ce qui est possible pour que tu réussisses. Je connais les épreuves que tu as subies et celles que tu vas encore devoir traverser car je les ai traversées moi-même, il y a très longtemps. Je ne peux pas m'empêcher d'avoir peur pour toi, c'est pour ça que j'en parle peu. Il m'est difficile d'imaginer ce que tu vas affronter sans trembler. Mais ce n'est pas parce que j'ai du mal à t'en parler que tu dois penser que je m'en moque ou que j'y suis opposé. Je suis très fier de toi et de la façon dont tu as triomphé. Cela ravive seulement des souvenirs et des sentiments dont je croyais m'être débarrassé. Un jour, je te parlerai de tes grands-parents. Je te raconterai aussi mon passage des Portes. Mais uniquement quand j'aurai apprivoisé la douleur et la peur qui bouillonnent encore en moi... Pour l'instant j'en suis incapable. Il faut que tu me pardonnes cette incapacité. Mais toi, n'hésite pas à te confier si tu le désires. Je serai toujours là si tu en as besoin et ta mère aussi. »

Je regagnai ma chambre ragaillardi par cette conversation familiale.

N'avais-je pas des parents formidables ? J'avoue que j'avais un peu honte à l'idée de ce que j'allais commettre le lendemain avec Alice. Mais de là à en parler... La compréhension de mon père n'irait pas jusqu'à me permettre de saccager mes études...

J'allais résumer la soirée à Tooloo, quand une lueur bleue filtra par les interstices de mon placard. Je m'approchai de la porte, plus intrigué qu'effrayé.

Tandis que je l'ouvrais, la lueur s'intensifia. C'était à présent comme si un rayon de lune y avait été emprisonné. Ou plutôt comme si un écran d'ordinateur allumé avait été dissimulé sous les vêtements. Ma main tremblait un peu en écartant les pulls. Que ferais-je si un Martien avait trouvé refuge dans ma chambre ? C'était absurde ! Il fallait que je cesse de regarder les films de science-fiction : ils commençaient à me taper sur le ciboulot.

Furieux contre mon imagination débordante, je rejetai les derniers habits pour dévoiler l'origine de ce rayon mystérieux.

La boule de cristal de tante Anna brillait dans la pénombre.

Je souris malgré moi. Comment avais-je pu oublier sa cachette ? Évidemment je n'y avais pas touché depuis mon retour à la maison, mais j'y songeais souvent. Pas plus tard que cet après-midi j'avais pensé à m'en servir ! Curieuse coïncidence... Tante Anna avait-elle perçu mon désir ? Ça n'aurait pas été très étonnant, vu ses pouvoirs.

Je sortis la boule du placard et la posai sur mon bureau.

À peine eus-je effleuré sa surface que la lumière vacilla. Des zigzags électriques pétillèrent et se concentrèrent au centre de la sphère transparente. Une tache s'élargit, composée de particules plus denses. Au bout de quinze secondes, les grains colorés s'étaient réunis pour former un hologramme de tante Anna. Je reconnus ses cheveux rouges empilés comme une pièce montée sur sa tête. Elle n'avait pas changé, mais le souci barrait son front de sillons profonds. La miniature s'anima : « Bonjour Tom. J'espère que ce message ne te parviendra pas trop tard. Je passe par un canal de communication restreint, ce qui peut provoquer des interférences. Il est de la plus haute importance que... »

Un grésillement déchira la bande sonore enregistrée, détruisant la fin de la phrase.

«... n'utiliser sous aucun prétexte tes pouvoirs. Je ne peux pas m'expliquer davantage de peur que cette lettre ne soit interceptée. Sache que... le monde des humains... »

Les parasites, de plus en plus fréquents, brouillaient aussi l'image, qui s'était mise à clignoter. Je tendais l'oreille en vain : la voix devenait inaudible.

«... les mesures... Cassandra elle-même... attention à la créature de Mordom... »

Un dernier flash et l'obscurité envahit la boule. Elle gisait sur mon bureau comme morte. J'eus beau la secouer, aucune étincelle ne vint l'éclairer. Je n'en saurais pas plus.

Qu'est-ce que ça voulait dire ? Si tante Anna avait jugé bon de rompre le silence, c'était qu'une raison grave l'y avait poussée. Était-elle en danger ? Cassandra avait-elle, avec sa maladresse habituelle, commis un impair qui mettait leur sécurité en péril ? Ou étais-je le premier concerné ? Questions sans réponses.

Je ne pouvais retenir que son interdiction formelle de pratiquer la magie. Le jour même où j'avais puni Willie ! L'avertissement arrivait trop tard.

Les derniers mots du message résonnaient dans ma tête : «... créature de Mordom... »

Mordom Horpilleur, le génie du mal. Celui qui semait l'épouvante dans l'univers de la sorcellerie, détraquait les sorts et s'abreuvait de la souffrance de ses victimes. Mordom Horpilleur, le responsable de la disparition de mes grands-parents, de la transformation de Max en lézard... Une fois de plus, mon destin allait-il croiser sa route ?

Je sentis la glace jusque dans mes os.

# 4

**Je n'étais pas brillant** le lendemain, en arrivant au collège de la Source. J'avais passé une nuit agitée, entrecoupée de cauchemars. Le spectre de Mordom planait sur moi, tel un immense oiseau de proie prêt à refermer ses serres et à me broyer. J'avais une mine de papier mâché, les paupières bouffies.

Je rejoignis Alice dans la cour à huit heures moins cinq. Impossible de lui avouer mes craintes. Elle ignorait tout de ma véritable personnalité et elle m'aurait ri au nez, me conseillant de consulter un psychiatre. Quant à parler du mage des ténèbres et de son rôle dans la perturbation du climat de la planète ou dans l'accroissement de la violence, autant me coiffer tout de suite d'un entonnoir et endosser une camisole de force.

Je savais surtout qu'il ne fallait compter que sur nos faibles ressources pour mener à bien notre projet et je me demandais si ce serait suffisant.

Mon amie ne semblait pas du tout perturbée. Elle arborait une robe dont le motif représentait d'énormes brassées de fleurs roses. Un ruban de satin bleu, assorti aux nœuds de ses couettes, soulignait sa taille. Une véritable caricature de petite fille modèle. Malgré mes appréhensions, je ne pus m'empêcher d'éclater de rire devant cet accoutrement. Elle affecta le mépris et fit bouffer le tissu de sa robe qui prit les proportions d'une montgolfière. L'impératrice Sissi, prise d'une soudaine envie de jardiner, n'aurait pas été plus ridicule.

« Gros malin ! me souffla-t-elle tandis qu'un radieux sourire illuminait sa face. C'est la tenue que ma mère a achetée pour le mariage de l'oncle Édouard. J'ai cru mourir de honte durant toute la cérémonie ! Je ne savais pas qu'elle me serait utile un jour. Si nous nous faisons pincer, je n'aurai qu'à jouer l'innocente. Avec ce costume, on me donnerait le Bon Dieu sans confession. Regarde... »

Elle prit un air de chien battu, son menton tremblota et elle inclina doucement la tête. C'était à se tordre ! Cette fille n'en finissait pas de m'étonner. Qui pourrait résister à ses mimiques d'enfant martyr ? Alice n'avait pas à se tourmenter pour ses notes : en cas d'échec scolaire, elle ferait sûrement carrière au cinéma !

Mon amie partit d'un rire franc : « Quant à toi, tu as encore des progrès à faire ! Ton comportement sent le félon à plein nez !

– Le quoi ? »

Le seul problème, c'est qu'Alice est brillante. Elle a dévoré tellement de livres que parfois ça provoque des courts-circuits dans son cerveau. Elle se met alors à baragouiner comme une savante et personne ne peut la suivre. Au début, je faisais comme les copains de la classe : j'inclinais la tête en prenant un air sérieux avant de lui répondre « oui ». Et puis un beau jour, j'ai craché le morceau. Je lui ai dit que si elle voulait communiquer avec moi ce n'était pas la peine de jouer au dictionnaire. J'en avais un à la maison qui moisissait sur mon étagère. Si elle ne voulait pas que notre amitié subisse le même sort, elle devait faire des efforts. Depuis, dès qu'elle commence à dérailler, je la freine.

« Un traître, si tu préfères, grommela-t-elle. Tu as vu comment tu as franchi la grille ? Tu as de la chance qu'on n'ait pas fouillé ton sac pour y chercher une bombe. Détends-toi ! Il n'y a pas inscrit *criminels* sur nos visages !

– Je vérifiais simplement si Willie-mâchoire-d'acier était dans les parages, mentis-je.

– Je me demande si nous allons le revoir avant la fin des classes... À l'heure qu'il est, une demi-douzaine de docteurs doivent chercher à lui rendre l'usage de la parole ! »

Le croassement du clairon déchira l'air. Il nous ébranla comme une décharge électrique de mille volts. Ça tenait du miracle si les bâtiments ne s'étaient pas encore effondrés. Quelques fissures lézardaient les murs de la cantine, mais les dégâts n'avaient pas atteint le seuil d'alerte.

Il nous fallut quelques instants pour nous remettre de ce traumatisme et regagner les rangs de nos camarades. M. Focil arriva, trois cassettes vidéo sous le bras. Il donnait toujours l'impression de sortir de son lit tant la touffe de cheveux qui ornait son crâne était ébouriffée. À trente ans, il était myope comme une taupe et s'accrochait à sa paire de lunettes sans laquelle le monde disparaissait. Les verres étaient comme des culs de bouteille, de sorte que ses yeux semblaient ne plus appartenir à son visage. Un peu comme si on lui avait greffé deux yeux de bœuf derrière des loupes. En plus de sa myopie, il était affecté d'une distraction maladive. Nous devions lui faire signe pour qu'il trouve notre rang dans la cour et le guider jusqu'à sa salle. Il fallait aussi lui rappeler où nous nous étions arrêtés lors de la leçon précédente pour qu'il ne se mette pas à délirer sur un sujet totalement différent.

« Nous allons en salle de projection ? demanda Alice d'une voix studieuse.

– Ah ! sursauta M. Focil, vous êtes les cinquième C ! Bien sûr ! Toutankhamon, le fabuleux trésor du pharaon assassiné ! En route ! »

Il fit volte-face et se dirigea d'un pas résolu vers le réfectoire. Alice le rattrapa : « Monsieur, la salle de projection se trouve de l'autre côté.

– Ne perdons pas de temps, grimaça le prof. Je vous suis. »

« Fut-il assassiné ou décéda-t-il des suites d'une grave maladie ? Les chercheurs s'interrogent et sans doute ne saurons-nous jamais la vérité. Quoi qu'il en soit, ce jeune pharaon, qui à l'âge de dix ans hérita de l'empire le plus puissant du monde, disparut neuf ans plus tard, dans des circonstances ténébreuses. De son court passage sur Terre, il nous reste un trésor inestimable, miraculeusement conservé dans une tombe de la Vallée des Rois. La seule sépulture qui n'ait pas été violée par les pillards. Toutes les autres tombes du site ont été plus ou moins vidées. Pour être exact, il semble que le tombeau de Toutankhamon ait reçu lui aussi la visite de voleurs. Mais ils ont sans doute été surpris dans leur expédition et n'ont pu emporter que des babioles. Par la suite, plus personne n'a pénétré dans ce lieu sacré. Ce n'est qu'en 1922, le 5 novembre, qu'Howard Carter et son équipe ont découvert le sépulcre. Une découverte qui allait secouer le monde. Je vous ai apporté trois films que j'ai moi-même tournés au musée du Caire. Vous allez pouvoir apprécier les collections fabuleuses que contenait la tombe. Un trésor inestimable, tel que vos rêves les plus fous ne peuvent l'imaginer. Éteignez les lumières, je commence la projection. »

Je ne saurais jamais si les films de M. Focil allaient tenir leurs promesses et nous présenter des cascades d'or et de pierreries, car à peine le noir fut-il fait dans la salle que je sentis un coude s'enfoncer dans mes côtes. Je réprimai un cri de douleur en comprenant que c'était Alice qui me donnait le signal de l'action. Tant pis pour Toutankhamon et ses richesses ! Nous avions, nous aussi, une expédition à mener à bien, certes moins périlleuse que des fouilles archéologiques, mais sûrement pas de tout repos.

Un brouhaha s'élevait dans la salle, dû à l'excitation des élèves qui rapprochaient leurs chaises de l'écran de télévision. Alice s'était levée et m'avait saisi par le bras. Nous nous glissâmes furtivement jusqu'à la sortie. Comme le professeur se retournait pour insérer la première cassette dans le magnétoscope, Alice entrebâilla la porte. Nous nous faufilâmes à l'extérieur, retenant notre souffle afin que notre départ ne se remarque pas. Le pêne émit un petit claquement: la porte était refermée. À l'intérieur, le silence était revenu. Ni M. Focil ni les élèves n'avaient réagi. La première phase de notre plan s'était déroulée sans accroc.

Fort heureusement, le couloir était vide. Pas de trace de surveillant ou d'élèves retardataires. J'avançais à pas de loup. Une fois encore, Alice m'arrêta en posant la main sur mon épaule.

« Si nous nous déplaçons comme des conspirateurs, le premier adulte qui nous apercevra nous interceptera. Viens ! »

Elle s'élança dans le couloir d'un pas rapide.

« Nous n'avons qu'à prétendre que nous nous rendons à l'infirmerie.

– D'accord. Mais cette excuse ne sera valable que dans ce bâtiment, puisque le local de l'infirmière est au rez-de-chaussée. Ensuite...

– Pas de défaitisme. Ensuite, nous trouverons autre chose. Et puis, nous ne croiserons peut-être pas un chat. »

Je formai mille vœux pour qu'il en soit ainsi.

Nos talons résonnaient dans l'espace vide. Derrière chaque porte que nous dépassions, nous distinguions la voix d'un professeur, tantôt irritée, tantôt monotone, voire quasiment soporifique. Parfois aussi c'était le tumulte des élèves qui parvenait jusqu'à nous, entrecoupé d'éclats de rire et d'insultes.

J'avais pris du retard sur Alice qui poussait déjà la porte de l'escalier. Elle me jeta un regard furibond et j'accélérai aussitôt.

Les bons élèves nous réservent parfois bien des surprises. S'ils décidaient de devenir des cancres, ils seraient de véritables dangers pour les profs...

J'agrippai la rampe de plastique rouge et dévalai les marches. Des traces de semelles maculaient le linoléum, souvenir de la ruée des élèves quelques instants plus tôt. Contrairement au couloir où nous étions à découvert et sans possibilité de repli, les escaliers me rassuraient, car au moindre claquement de porte nous pouvions grimper ou descendre nous réfugier à un autre étage. Hélas, cette sensation ne dura pas. Alice abaissa la poignée de la porte du rez-de-chaussée et nous avançâmes dans le hall. Trois pas et ce serait l'étendue vide de la cour qu'il faudrait traverser de part en part, avec les dizaines de fenêtres qui y plongeaient et derrière chacune d'elles un adulte susceptible de nous dénoncer ! J'inspirai un grand coup et me lançai à l'extérieur.

Les arbres, encerclés par le goudron, pointaient leurs nouvelles feuilles. Bouquets malingres, elles semblaient davantage avoir survécu à l'hiver qu'annoncer l'exubérance de l'été. J'enregistrai ces détails qui jusqu'ici m'avaient laissé indifférent. Peut-être à cause de mon esprit tendu à l'extrême. Peut-être aussi parce que la vision de mon collège déserté me désorientait.

Alice avait raison. C'était facile. Trop ?

La confiance souleva ma poitrine. À cette heure, les membres du personnel vaquaient sans doute à leurs occupations, trop accaparés pour s'intéresser à deux enfants...

J'étais encore à la traîne. Alice atteignait la porte du bâtiment B, qu'elle fit pivoter d'un coup de pied. Qu'est-ce que j'attendais pour tenir mon rôle de héros ? Je n'allais tout de même pas me laisser distancer par une fille ! Une bonne élève de surcroît ! Si j'avais fait preuve de réserve jusqu'ici, c'est que j'avais conscience du danger. Je connaissais toutes les implications de notre tentative, ou du moins j'en savais davantage que ma camarade. Elle n'avait pas reçu la veille un message d'alerte de sa tante et le nom de Mordom Horpilleur ne lui faisait pas dresser les cheveux sur la tête. Il est facile d'être courageux quand on ignore les risques. Si Alice avait appris les terribles exactions commises par le maître du mal, les crimes et désastres dont il s'était rendu coupable, peut-être aurait-elle montré moins d'engouement...

Nous nous retrouvâmes devant la double porte du couloir qui menait à la salle des profs. Il fallait abaisser une barre métallique pour la déverrouiller. Alice parut hésiter un peu. Je posai les doigts sur l'aluminium, exerçai une forte pression. Le silence nous enveloppa comme une nappe de brouillard glacé. Désormais nous n'aurions plus d'excuse : cette partie du collège était strictement interdite aux élèves.

Face à nous se trouvaient les toilettes des dames, indiquées par une silhouette féminine sur un rectangle blanc. Le couloir bifurquait sur la droite. Même si un souci de justice motivait nos actes, je me demandais alors si nous avions raison d'aller si loin. N'était-il pas rocambolesque de croire que les copies de l'interrogation seraient une preuve suffisante contre M. Virulos ? L'association des parents d'élèves soutiendrait-elle des enfants contre un enseignant ? Des enfants qui avaient fracturé un casier dans une zone interdite ? Mais devions-nous pour autant nous résigner et attendre la sanction du redoublement ? Un vrai dilemme !

« Ce doit être ici », chuchota Alice dont l'index pointait une porte à la peinture verte.

C'était bien là, en effet. La pièce avait la dimension de deux salles de classe réunies. Le long des fenêtres s'alignaient deux canapés devant lesquels une table basse présentait les restes du café du matin. Une dizaine de gobelets vides, deux cendriers dégorgeant de mégots et une plante verte. Plutôt déprimant comme première impression ! Les adultes qui exigent que nos copies soient impeccables auraient pu faire un minimum de ménage… Cette partie de la salle était visiblement réservée à la détente. Un distributeur automatique de boissons dressait sa carrure d'athlète contre le mur. De l'autre côté, quatre tables de Formica avaient été réunies. Même fouillis que sur la table basse, des tracts remplaçant cette fois les cendriers. Des chaises étaient éparpillées un peu partout, transformant les allées et venues en un véritable parcours du combattant. Enfin, occupant toute l'étendue du mur, cinq rangées de casiers nous narguaient. Sur chacun d'entre eux se trouvait une étiquette portant le nom de son propriétaire, mais nous n'avions pas songé à leur nombre : il y en avait bien une centaine ! S'ils n'avaient pas été attribués dans l'ordre alphabétique, nous allions perdre un temps considérable avant de dénicher le bon. La pagaille alentour était de mauvais augure. Les maniaques de l'ordre que sont les profs auraient mieux fait de se taire ! Je réalisai soudain pourquoi ils ne toléraient personne sur leur territoire : avec un tel exemple sous les yeux, nous aurions pu ricaner lorsqu'ils nous faisaient des remarques à ce sujet.

Les pensées d'Alice suivaient les miennes et sa petite grimace de dégoût me fit sourire.

« Quel bazar ! dit-elle sur le ton de la raillerie. Une poule n'y retrouverait pas ses poussins ! Toi à droite, moi à gauche, nous irons plus vite. »

Je contournai quelques chaises et entrepris de déchiffrer les étiquettes. Évidemment l'ordre alphabétique n'était pas respecté ou, pour être plus exact, il l'était de façon aléatoire. Parfois se suivaient cinq noms débutant par une même lettre – un F par exemple –, puis s'intercalait un W, aussitôt suivi d'un B, avant que la liste ne se poursuive en respectant l'initiale. De plus, la personne qui avait eu pour tâche de recopier les noms avait choisi une écriture en lettres gothiques, certes très élégante, mais totalement illisible pour le commun des mortels. Les majuscules évoquaient les jeux qu'affectionnent certains magazines dans lesquels il faut suivre des ficelles enchevêtrées afin de déterminer celle qui conduit à la case trésor. Dix minutes me furent nécessaires avant de repérer le gribouillis correspondant au V ! Hélas, il s'agissait de Mme Varan, une prof d'E.P.S.

« J'ai trouvé ! » triompha Alice à voix basse.

Je tournais la tête dans sa direction quand la porte d'entrée claqua. La surprise m'arracha un cri.

« Plus un geste ! Je vais vous écraser comme deux microbes que vous êtes ! »

Cette voix, je l'aurais reconnue entre toutes. C'était celle de M. Virulos.

# 5

**Je pivotai sur moi-même** et découvris notre professeur, drapé dans son large manteau dont la noirceur accentuait son teint livide. Seule la balafre qui tranchait son visage émacié semblait avoir rosi. Ses lèvres, comme une entaille faite au rasoir, s'étirèrent en un sourire abject.

« Voilà des semaines que je vous guette, monsieur Cox. Il fallait que je sois sûr avant d'agir. Vous n'avez pas facilité mon enquête. Avec vos airs de ne pas y toucher, vous avez presque réussi à me donner le change. »

De quoi voulait-il parler ? Je ne comprenais pas un mot. Je sentais pourtant la peur s'immiscer en moi, des orteils à la pointe des cheveux. Qu'allait donc inventer ce sadique, maintenant qu'il nous avait pris sur le fait ? Virulos émit un léger ricanement : « Ne faites pas l'innocent, ça ne prend plus. J'ai la preuve de votre identité. Celui qui m'envoie va être ravi. »

Virulos tissait autour de moi une toile d'araignée invisible qui engourdissait mes réflexes. Ses mots tombaient dans mon esprit comme des braises et je ne pouvais me soustraire à leur brûlure.

« Je pourrais vous détruire sur-le-champ, mais mon

Maître tient à vous rencontrer. Dommage ! J'aurais particulièrement savouré votre agonie. »

La vérité commençait à se dessiner. Le message angoissé de tante Anna prenait sens. J'avais sous les yeux la créature de Mordom. Le mage des ténèbres avait lancé un de ses sbires à ma recherche et ce dernier avait pour mission de me conduire devant son maître. Non content d'avoir assassiné mes grands-parents, Mordom entendait se débarrasser de moi. Il poursuivait ma famille de sa haine. Les raisons de cet acharnement m'échappaient et je ne disposais pas du temps nécessaire pour m'appesantir sur le sujet. Virulos venait de refermer son piège. C'en était fait de Tom Cox. Ma carrière de sorcier n'aurait pas duré bien longtemps. Décidément, mon père n'avait pas tort lorsqu'il en soulignait les désavantages. Et cette pauvre Alice qui se trouvait mêlée malgré elle à cet affreux micmac !

Je glissai un coup d'œil à ma camarade afin de voir comment elle accueillait les révélations de Virulos. Je crois qu'une invasion d'extraterrestres ne l'aurait pas stupéfiée davantage. Bouche bée, le dos plaqué aux casiers pour ne pas s'effondrer, mon amie dévisageait notre professeur. Elle avait perdu sa superbe. Je ne sais même pas si elle était capable de penser quoi que ce soit, tant l'irruption de notre ennemi l'avait assommée. Son menton se mit à trembler, mais ce n'était pas du tout dans l'intention de jouer le rôle qu'elle avait répété dans la cour. Si le discours de Virulos restait énigmatique pour Alice, elle avait compris que la situation était désespérée, au-delà de ce à quoi elle pouvait s'attendre. Il n'était question ni d'heures de colle, ni de conseil de discipline. Aucune sanction scolaire ne serait à la hauteur de la cruauté de Virulos. Sans doute s'attendait-elle à le voir sortir un bazooka de son manteau pour nous anéantir. Et je ne pouvais pas lui dire que ce qu'envisageait Virulos serait pire...

Ces réflexions ne m'avaient pris que quelques secondes. Virulos se frottait les mains avec délectation. On aurait dit deux araignées pâles en train d'entamer une danse macabre.

« Vous n'auriez pas dû jeter un sort à votre camarade, hier, railla le suppôt de Mordom. C'était le moyen le plus sûr de vous faire repérer. Votre tante ne vous a donc t-elle pas prévenu ? Le recours aux pouvoirs magiques provoque une déflagration que tout sorcier perçoit à des kilomètres. Sauf, bien entendu, si on contrôle suffisamment son énergie pour œuvrer en silence. Mais je doute qu'à votre niveau d'apprentissage vous soyez capable d'une telle prouesse. Si vous saviez le vacarme que vous avez causé ! C'était comme si vous m'aviez hurlé à l'oreille : "Coucou, je suis là !" Je vois à votre tête que vous n'étiez pas au courant de ce petit détail... Contrariant, n'est-ce pas ? »

Décidément Willie ne m'attirait que des ennuis. Sans lui j'aurais conservé un semblant d'anonymat. Je regrettais amèrement de m'être laissé aller à modifier son appareil dentaire.

« Allons, ne perdons pas de temps ! rugit Virulos. Le Maître déteste attendre. »

Il se tourna vers Alice, tendit les bras. Ses paumes furent secouées d'un tremblement convulsif. Ma camarade ouvrit la bouche, mais aucun son ne franchit ses lèvres. Ses yeux se révulsèrent et sa poitrine s'affaissa, comme si une masse venait de la heurter. Pendant quelques secondes elle s'immobilisa, puis une décharge violente lui parcourut le corps. Alice poussa un hurlement de douleur et s'écroula sur le sol, inerte.

Je n'avais rien pu faire. Tout s'était passé beaucoup trop vite. Je contemplais ma camarade avec horreur, ne pouvant douter de son état. Elle était morte ! En un claquement de doigts, Virulos avait anéanti l'étincelle de la vie. Le visage du meurtrier demeurait impassible. Il avait donné la mort comme on écrase un insecte au bourdonnement importun. Sans le moindre tressaillement de pitié. J'assistais pour la première fois aux atrocités de la magie noire. Jusqu'alors j'avais observé les résultats produits par les complices de la voie obscure, mais jamais ne les avais vus à l'œuvre. La répulsion m'envahit. C'était comme si toute joie m'avait déserté. La racine même du bonheur était détruite. Je comprenais enfin le pouvoir infernal de Mordom. Il s'évertuait à nier jusqu'à la possibilité de l'espoir.

Virulos riait. Devant le cadavre de mon amie, il manifestait son plaisir. Plus encore que son geste, cette absence d'émotion me révolta. J'aurais dû dissuader

Alice, la convaincre d'attendre le conseil de classe... La culpabilité planta ses crocs dans mon estomac. J'aurais voulu la venger, faire payer à Virulos son crime, le blesser au plus profond de sa chair. Mais j'étais démuni ; il me fallait subir mon sort.

Déjà l'assassin dressait les bras. Ses prunelles de feu se braquèrent sur moi. Bientôt j'éprouverais son emprise...

La pièce se mit à tournoyer. Virulos jeta un cri perçant. Sa silhouette fut comme aspirée dans un tourbillon et moi-même je me sentis me dissoudre dans ce maelström de formes et de couleurs. Nous étions emportés dans une spirale flamboyante.

Quand j'ouvris les yeux, Alice se tenait devant moi. Elle m'agrippait par les épaules et l'angoisse déformait ses traits. Il me fallut quelques instants pour recouvrer mes esprits et entendre les paroles de ma camarade.

« Tom ! Que se passe-t-il ? Réponds-moi ! »

J'empoignai violemment ses avant-bras. Elle me repoussa avec une grimace de douleur. J'avais perçu la tiédeur de sa peau. Elle était bien vivante ! Je regardai autour de moi avec incompréhension. J'étais affalé sur le sol, devant la rangée des casiers. La salle des profs n'avait pas bougé.

Que s'était-il donc passé ?

« Tu vas bien ? demandai-je.

– C'est plutôt à moi de te poser cette question, bougonna Alice qui frottait ses membres meurtris par mon étreinte. Tu as poussé un gémissement et tu es tombé par terre. Ce n'est vraiment pas le moment d'avoir un malaise ! Tu parles d'une mauviette ! J'ai eu la peur de ma vie. Relève-toi et aide-moi. J'ai trouvé le casier. Malheureusement il est fermé à clé. Nous allons devoir forcer la serrure. Enfin, si tu te sens d'attaque. »

Je me redressai péniblement. C'était à devenir fou. Il y avait encore un instant je contemplais le cadavre d'Alice et maintenant j'encourais ses reproches.

« Virulos n'est pas entré dans cette pièce ?

– Mais de quoi parles-tu ? J'espère que ta chute ne t'a pas irréversiblement endommagé la cervelle ! Déjà que ce n'était pas brillant...

Je me remis sur pied à la vitesse de l'éclair. Je venais de comprendre ! Nous n'avions pas un instant à perdre. Bientôt il serait trop tard et Alice connaîtrait un destin funeste. Je devais la sauver et par la même occasion me mettre à l'abri. Sans expliquer quoi que ce soit, j'attrapai ma camarade et la poussai hors de la salle des profs. Le couloir était encore désert, mais, si je ne me trompais pas, il ne le resterait pas longtemps. Alice se débattait. J'avais une telle trouille qu'elle n'était pas de taille à me résister. Je crois que j'aurais pu soulever un éléphant. Je la traînai jusqu'aux toilettes pour dames que nous avions aperçues en pénétrant dans cette partie du collège. Grand bien m'en prit, nous n'aurions pas eu la possibilité d'atteindre la cour ! À peine avions-nous refermé la porte qu'un pas retentit dans le couloir. Alice, outrée par mon attitude, bougonnait. Je plaquai une main sur sa bouche. Les pas se rapprochaient. La porte de la salle des profs claqua. Mon amie cessa aussitôt de se débattre, m'observant avec effarement. Je lui fis signe de se taire et entrebâillai la porte des toilettes. J'entendais nos respirations haletantes. Par la fente, nous distinguions le couloir dont le linoléum brillait. Il y eut une sorte de râle et la silhouette d'encre de Virulos apparut.

« Où sont-ils ? » proféra-t-il à voix haute.

Alice tremblait comme une feuille et je n'en menais pas large non plus. Le professeur scrutait les lieux. Il se tourna vers les toilettes. Nous reculâmes dans l'obscurité, le cœur battant. Nulle issue. Si Virulos nous dénichait, nous ne pourrions lui échapper. J'avais la gorge sèche et irritée. Pourvu que je ne me mette pas à tousser ! Ce fut la seule pensée qui me traversa l'esprit tandis que nous attendions l'arrivée de notre bourreau. Des semelles craquèrent derrière la porte. La créature de Mordom était maintenant toute proche. Je joignis les mains pour contenir ma peur. Alice me planta ses ongles dans l'épaule. La porte crissa...

« Cher collègue, lança une voix féminine, vous faites erreur ! Les toilettes réservées aux hommes sont de l'autre côté du couloir.

– Oh ! oui, bien sûr. Où avais-je la tête ? »

J'entendis Virulos s'éloigner. Inutile de dire quel soulagement j'éprouvai. Sans l'intervention miraculeuse de cette enseignante, nous étions morts !

Nous attendîmes quelques minutes avant de nous extraire de notre cachette. Le couloir était vide. Nous nous faufilâmes jusqu'à la sortie, chancelants. Dans la salle des profs, la machine à café ronronnait. Notre sauveuse savourait sa pause sans se douter de rien. Ce n'est qu'une fois arrivée dans la cour qu'Alice ouvrit la bouche : « Comment as-tu deviné qu'il... » Elle ne pouvait en dire davantage tant la peur avait été forte. Nos genoux flageolaient. Je me contentai de hausser les épaules : « Une sorte de prémonition. »

Après ces émotions, le retour au troisième étage nous parut d'une facilité déconcertante. Nous n'eûmes que quelques minutes à attendre avant que la sonnerie retentisse et que le flot de nos camarades de classe jaillisse de la salle de projection. Profitant de la cohue, nous récupérâmes nos affaires. Ni l'un ni l'autre nous n'avions échangé un mot. Nous étions trop bouleversés pour reparler de notre aventure.

# 6

**En principe,** je suis demi-pensionnaire et j'ai l'immense avantage de déguster le rata de la cantine. Mieux vaut se boucher les narines et fermer les yeux avant d'ingurgiter les palets grisâtres que le cuisinier ose qualifier de steaks hachés ou les cylindres de caoutchouc rose fallacieusement appelés saucisses de Strasbourg. Même les légumes sont tellement cuits et recuits qu'on n'arrive plus à distinguer les choux-fleurs des endives, les haricots des brocolis. Ils s'écrasent dans votre assiette avec un petit bruit mouillé qui évoque la vase des marais où s'enlisent les voyageurs perdus. Eh bien ! on m'aurait proposé de la langouste et des profiteroles arrosées de chocolat onctueux et fumant que je n'aurais pas hésité à décamper au plus vite. L'urgence de la situation ne m'avait pas échappé. Rester au collège, c'était offrir à Virulos l'occasion de fondre sur moi et de me kidnapper. Je me mêlai donc au troupeau des externes et déjouai la vigilance des surveillants qui filtraient le passage des grilles.

En hâte, je regagnai mon immeuble, grimpai quatre à quatre l'escalier jusqu'au cinquième étage, glissai la clé dans la serrure et ne repris mon souffle qu'une fois la porte close.

Cette solution était précaire. Virulos pouvait se procurer mon adresse, s'il ne la connaissait pas déjà ! Je réalisai avec effroi que ma cachette ne ferait pas long feu. Mais où trouver refuge ? Je devais attendre le retour de mes parents pour les prévenir : nous courions tous les trois un grave danger.

Cependant, à chaque minute qui s'écoulait, la panique s'intensifiait. Au plus léger craquement, je redoutais de voir surgir Virulos, ses mains d'araignée tendues vers moi. Je n'avais plus le choix. Il fallait déguerpir et me mettre à l'abri. Je déboulai dans ma chambre, extirpai mon sac à dos du placard, y enfouis les vêtements qui me tombaient sous la main. Aïe ! J'oubliais Tooloo ! Sa petite masse soyeuse sombra dans le sac.

Sur le palier, je restai à l'affût, tendant l'oreille, le cerveau en alerte. Au moment où je dévalais les premières marches de la cage d'escalier, l'ascenseur se mit en marche. Un frisson me parcourut l'échine. J'étais certain qu'il s'agissait de mon professeur. Je poursuivis ma descente sur la pointe des pieds, le corps parcouru de tremblements nerveux. Je traversai le hall, longeai les boîtes aux lettres à moitié défoncées et me retrouvai sur le terre-plein où j'avais vécu de mémorables parties de balle au prisonnier avec les autres gamins de la cité.

Impossible de me dissimuler sur le parking, devant mon immeuble. Il y avait trop peu de voitures à cette heure de la journée. Le mieux était de foncer jusqu'au petit centre commercial. J'entamai un sprint qui aurait épaté mon prof de sport.

Les poumons labourés, j'entrai au *Bulldozer*, un café dont les vitres teintées m'offraient une perspective imprenable sur l'entrée de mon bâtiment. La sueur ruisselait sur mon front. Le patron s'avança de sa démarche titubante de Viking à peine débarqué de son drakkar, planta ses larges mains sur son tablier d'un blanc douteux avant de s'étonner : « Tu n'es pas en cours ?

– Le prof est malade », balbutiai-je.

Il hocha la tête d'un air entendu : « Quelle bande de feignants ! Est-ce que je peux me permettre d'être malade, moi ! On s'étonne ensuite que les jeunes tournent mal. Enfin, ce ne sont pas mes affaires. »

Je n'écoutai pas la suite de ses récriminations : Virulos venait de sortir de mon immeuble. Je ne m'étais donc pas trompé. La créature de Mordom était décidée à aller jusqu'au bout. Dût-il camper devant chez moi, mon professeur ne lâcherait pas prise. Le vent fouettait les pans de son manteau. Il scrutait les environs tandis que l'exaspération crispait ses traits. Malgré la protection des baies aux reflets marron, je me recroquevillai sur ma chaise. Sa ténacité ne me disait rien qui vaille. Après tout, qu'avait-il à perdre ? Un claquement de doigts et il quittait notre monde pour celui du maître des ténèbres. Aucune chance, par conséquent, qu'il mette un frein à sa cruauté. Sûr de son impunité, il pouvait accumuler les forfaits. Or, avant toute chose, je me sentais responsable de la sécurité de mes proches. Si mes parents, par ma faute, tombaient entre ses mains, je ne me le serais jamais pardonné.

« Alors ! tonna le cafetier d'une voix caverneuse, on ne va pas y passer la nuit. Si tu ne veux pas consommer, déguerpis. J'ai d'autres clients à servir. »

Une barbe hirsute dévorait le bas de son visage, de sorte qu'on n'apercevait pas sa bouche lorsqu'il parlait. Il n'y avait pas un seul client dans la salle, mais je n'étais pas d'humeur à engager une dispute qui risquait de se terminer par mon renvoi de l'établissement. Je commandai un Coca sur le ton de l'accusé qui s'évertue à fléchir son bourreau. Le patron partit en maugréant.

Dans la rue, Virulos piaffait d'énervement. À intervalles réguliers, il balayait une mèche de cheveux rebelles qui couvrait son front, ses doigts griffant l'air comme des crochets d'ivoire. Je lançai un coup d'œil à la pendule surplombant le comptoir : bientôt retentirait le signal de la reprise des cours. C'était le dernier de mes soucis. Quelle ne serait pas la joie de la cinquième C devant l'absence de son professeur de français ! Alice s'inquiéterait sans doute de ma disparition et peut-être feraitelle le rapprochement avec la brusque désertion de Virulos ? Pourtant je n'espérais aucun secours de sa part. Elle ne pouvait guère débarquer dans le bureau du principal et lui raconter par le menu notre expédition matinale...

Virulos, lui aussi, consulta sa montre. J'entendais encore sa voix tranchante s'exclamer lors des interros : « Top chrono ! » Dire que je n'avais rien soupçonné ! J'étais d'une naïveté affligeante. Je me promis intérieurement de rester désormais aux aguets, de ne plus me laisser tromper par les apparences. J'avais basculé dans l'univers de la sorcellerie et, ce faisant, je m'étais attiré un ennemi de taille : Mordom Horpilleur. L'insouciance serait désormais bannie de ma vie.

Le patron déposa le soda sur la table. Je lui demandai s'il était possible de téléphoner. Il m'indiqua le sous-sol d'un geste agacé.

« Faudrait voir à régler d'abord ! Je connais les ruses des morpions du quartier. »

Décidément, le cafetier était d'une amabilité désarmante. Heureusement, je n'avais pas dépensé tout mon argent de poche en friandises. Je payai ma boisson et descendis appeler mon père, en souhaitant qu'il n'ait pas coupé son portable. Dans une niche j'aperçus le téléphone, enfoui sous un amas d'annuaires déchiquetés par de trop fréquentes consultations. Je les empilai sur la tablette et introduisis dix francs dans la fente de l'appareil. C'était mon unique pièce. J'avais stupidement donné les autres au propriétaire du bar. Je croisai les doigts pour ne pas avoir à l'importuner davantage.

Dès la deuxième sonnerie, mon père décrocha : « Oui ? »

Je ne pus contenir un soupir de soulagement.

« C'est moi. Ça serait trop long à t'expliquer, mais je ne suis plus à l'école. J'appelle du *Bulldozer*, le café du centre commercial. Il faut que tu viennes me chercher, je ne peux pas rentrer à la maison.

– Qu'est-ce que c'est que cette histoire ? Tu n'es pas au collège ! Il y a une grève surprise ? Pourquoi n'es-tu pas rentré ? Tu as perdu tes clés ? Je n'y comprends rien. En plus, j'ai du boulot. Si tu crois que je peux m'absenter à ma guise... »

Un signal sonore m'avertit de l'interruption imminente de la communication.

« C'est Virulos, bredouillai-je.

– Ton prof de français ? »

Le sifflement s'intensifia. Je me mordis la lèvre. « Plutôt non ! C'est Mordom ! »

Le silence qui s'ensuivit fut plus éloquent qu'un long discours.

« Nom de Zeus ! Ne bouge pas ! J'arrive... »

Un tintement métallique remplaça les aboiements paternels.

Dix minutes plus tard, sa voiture pilait devant le *Bulldozer*. Je m'assurai que Virulos n'était plus en vue avant de m'élancer vers le véhicule.

« Tout va bien ? » me demanda mon père avec anxiété.

J'acquiesçai tandis que les pneus crissaient sur les graviers de la contre-allée.

« On cueille ta mère à son travail et direction la maison de tante Anna. »

# 7

**Le trajet jusqu'à Tours** n'eut rien de comparable à un départ en vacances. Certainement parce que nous ne nous acheminions pas vers un lieu de villégiature, mais que nous nous éloignions de notre foyer, la peur au ventre. Mon père gardait les yeux rivés sur la bande blanche, sans décrocher un mot, et ma mère, blême depuis qu'on lui avait résumé la situation, ne pouvait s'empêcher de lâcher d'infimes gémissements à intervalles réguliers.

Comme nous quittions l'agglomération tourangelle, le soulagement de tous devint perceptible. La distance mise entre nous et Virulos minimisait les pouvoirs de notre ennemi. Quoique nous sachions que ce n'était qu'une illusion, nous en fûmes quelque peu apaisés.

Le moment vint de s'engager dans la forêt qui m'avait si fortement impressionné lors de mon premier voyage. Je me souvins de l'idée saugrenue qui m'avait alors traversé. Non, nous n'étions pas dans une version moderne du Petit Poucet. Si j'avais eu besoin de preuves, mes parents venaient de m'en fournir. N'avaient-ils pas tout quitté pour assurer ma sauvegarde ? Cet après-midi, leur existence avait basculé. En l'espace de quelques heures, ils étaient devenus des fugitifs.

Les troncs rugueux s'inclinaient vers la voiture, comme pour lui interdire le passage, et la voûte des branches étranglait les minces rais de lumière encore visibles. Une sensation d'étouffement me saisit. Le chemin prit bientôt les allures d'une galerie souterraine. Les ronces avaient crû avec une vigueur et une rapidité déconcertantes. Elles rampaient désormais jusqu'au milieu du sentier et fouettaient la carrosserie avec des sifflements aigus, joignant leurs tentacules dardés de pointes acérées au-dessus de nous. La végétation et l'obscurité se liguaient contre nous. Nous fûmes cahotés, des racines ayant éventré la terre au point de rendre la chaussée presque impraticable. Je les sentais bouger sous les pneus, comme si elles prenaient soudain vie et, avec une hostilité grandissante, tentaient de nous barrer la route.

Mon père, lui aussi, avait remarqué ces changements. Sans doute jugeait-il plus judicieux de ne pas en parler afin de ne pas augmenter le désarroi de ma mère qui s'agrippait au tableau de bord.

Les secousses s'amplifiaient. Nous nous serions crus dans le tambour d'une machine à laver au moment de l'essorage. À ce rythme, la voiture ne résisterait pas longtemps. J'imaginais déjà le piège vert se refermant sur nous, nous broyant...

Grâce au ciel, nous arrivâmes enfin en vue de la clairière où nichait la maison de tante Anna. Je reconnus la grande bâtisse peinte et ses fenêtres fleuries, le chêne centenaire et sa balançoire. Toutefois, la prairie avait diminué. Les bois l'avaient grignotée. Ils touchaient maintenant l'étang dont les eaux, limpides autrefois, avaient pris une teinte noirâtre. Elles léchaient les berges en y déposant une écume charbonneuse. À ce spectacle, une boule de givre roula dans ma poitrine. J'eus conscience de notre faiblesse, du peu de poids que nous pesions face aux armées du mal. Nous étions bel et bien encerclés.

Heureusement, ce malaise s'estompa au fur et à mesure que nous nous approchions du perron. La voiture, après un ultime soubresaut, stoppa. Le répit fut de courte durée. Un autre motif d'inquiétude s'empara de moi. Les retrouvailles entre mon père et tante Anna allaient avoir lieu. Voilà que j'appréhendais cet événement, alors qu'il avait été l'objet de tous mes vœux jusqu'ici. Arrivait-il trop vite ? Si cette confrontation dérapait, tout espoir de réconciliation avorterait et les personnes que j'aimais le plus au monde continueraient à vivre dans le malentendu.

Mon père se retourna vers moi. Ses yeux cillèrent. D'un ton bourru, il lança une plaisanterie que ma mère accueillit avec un rire un peu forcé. J'étais tellement tendu que je n'entendis pas sa blague. Je me contentai de sourire, un moyen comme un autre de lui montrer que je comprenais son trouble, que mon affection ne serait pas remise en cause, quoi qu'il puisse advenir. Mon message fut visiblement reçu cinq sur cinq et ce fut d'une voix enjouée qu'il nous enjoignit de descendre.

Je déverrouillai la portière. L'atmosphère avait fraîchi. Les rayons obliques du soleil ne diffusaient plus qu'un semblant de chaleur, plutôt inhabituel en cette fin du mois de juin. Une bourrasque me cingla le visage. Nous avions l'air de trois naufragés, échoués sur une île, qui inspectent les alentours en quête d'une trace de vie humaine. Ma mère grelottait dans son tee-shirt de coton. Dans sa précipitation, elle avait omis de récupérer son manteau. Il trônait dans le vestiaire de la bibliothèque d'où elle était sortie en trombe.

J'ouvris la marche jusqu'à la porte d'entrée.

Dès que nous posâmes les semelles sur le seuil, le battant s'effaça pour laisser place à la mince silhouette de tante Anna.

« Que le diable me patafiole ! Vous êtes sains et saufs ! »

Elle me tendit les bras et je plongeai le nez dans sa robe de crêpe de Chine rouge. C'était sa couleur de prédilection. En fait, je ne l'avais jamais vue porter un vêtement d'une autre teinte. Elle avait un goût prononcé pour les toilettes extravagantes que la plupart des actrices hollywoodiennes n'auraient pas désavouées. Une crinière carotte, soutenue par des flots de laque, se dressait sur son crâne. Cet assemblage vacillant évoquait l'éruption du Vésuve. Bref, rien à voir avec les mémés traditionnelles.

Elle desserra son étreinte au moment où le souffle commençait à me manquer et se planta devant ma mère :

« Vous devez être Sophie ! » Elle flanqua deux bises sonores sur les joues de sa visiteuse imprévue. « Charmante ! » glapit tante Anna au comble de l'excitation. Son chignon penchait dangereusement sur le côté droit. D'une pichenette elle en rectifia l'inclinaison. Un raclement de gorge attira notre attention. Mon père, les mains dans les poches de son pantalon, se dandinait avec l'élégance d'une otarie.

« Mathieu ! » roucoula la vieille femme submergée par la tendresse. Ils restèrent muets, empêtrés dans des émotions qui les dépassaient. Puis les années de séparation s'évanouirent, emportant avec elles les désaccords. Ils retrouvèrent alors une connivence que la distance n'avait guère diminuée. Assaillis par des vagues de souvenirs, ils tombèrent dans les bras l'un de l'autre. Je compris que c'était la force même de leur attachement qui les avait maintenus si longtemps éloignés. Le trop-plein d'amour avait dressé autant d'obstacles que la mésentente. Plus que la dispute, ils avaient craint de ne pas renouer les liens d'antan.

« Rentrons », s'exclama tante Anna en essuyant une larme au coin de sa paupière.

Je la précédai dans le hall. Des picotements de plaisir hérissaient ma peau. J'étais désormais dans mon élément. Plus besoin de jouer la comédie ou de refréner mes impulsions. Être sorcier était ici une évidence et c'étaient les individus dits « normaux » qui faisaient figure de bêtes curieuses.

Le portrait de Louis, mon grand-père, dominait toujours la pièce. En dépit de son sérieux, le visage de mon ancêtre conservait cette touche d'amusement que j'avais décelée lors de mon retour de la Chine ancienne. Mon père sursauta à la vue du tableau. Je n'avais pour ma part jamais connu Louis. Ce n'était qu'un prénom, une image et un fragment d'histoire assez dramatique. Mais pour mon père, la confrontation devait être plus cruelle. Elle ravivait en lui l'époque de sa prime jeunesse, le déchirement produit par la disparition de ses parents. S'il ne flancha pas, tante Anna y fut pour beaucoup, car elle posa sa main ridée sur son épaule et ce mouvement désamorça la rancœur paternelle. Revenir dans cette maison l'avait libéré des démons d'autrefois. Je le vis même esquisser un sourire à l'adresse de la toile peinte. Il connaissait ces lieux mieux que moi. N'y avait-il pas vécu la plus grande partie de son enfance ? Quel effet cela pouvait-il produire de s'immerger tout à coup dans le décor intact de son passé ?

Nous pénétrâmes dans la salle à manger. Les mosaïques du plafond scintillaient à la lueur des chandeliers garnis de bougies d'un vert émeraude. Le plateau ciré de la table reflétait ce ballet d'étincelles. La nostalgie me serra la gorge. Mes yeux se fixèrent sur les lourdes chaises tendues de velours grenat. C'est là que j'étais assis quand tante Anna m'avait avoué qu'elle appartenait à la lignée des Fairystorm, ces nobles magiciens, et c'était dans le salon qui prolongeait la pièce et jouxtait le jardin d'hiver que j'avais pris conscience de mes dons. Personne n'avait été en mesure de comprendre leur apparition. Mon père avait pourtant prononcé le rite d'Annulation suprême, un sortilège puissant dont les conséquences frappaient les descendants en les privant de leurs pouvoirs. Par quel miracle avais-je évité ce destin ? Les recherches de Max avaient été vaines. Aucun des volumes de sa bibliothèque ne mentionnait de cas semblable. D'ailleurs, où était donc Max, le lézard intello ? Max adorait s'enrouler autour du cou de ma tante. Aujourd'hui cependant, la gorge de la vieille femme était nue. Peut-être était-ce le jour de la douche ? Cette activité, honnie par le reptile, engendrait une interminable partie de cache-cache. Et Cassandra ? J'étais beaucoup moins étonné que la dame de compagnie de ma tante ne nous ait pas accueillis. Sa grande timidité expliquait son absence. Le plus étrange était qu'aucune explosion due à sa légendaire maladresse n'ait troublé la quiétude de la demeure. Quelque chose ne tournait pas rond.

Lorsque nous nous fûmes installés dans les canapés, Anna servit le café. Évidemment le terme est un peu inapproprié car il lui suffit d'un battement de cils pour que se matérialisent les tasses de porcelaine, les petites cuillères et le sucrier. Un second battement et le liquide ambré fumait dans les récipients.

Je profitai de cette diversion pour observer ma tante. Le choc de notre arrivée commençait à s'atténuer. Sans aucun doute, elle était heureuse – ses yeux brillaient d'un éclat si particulier que ses prunelles gris acier se nuançaient de bleu. Elle avait aussi du mal à contenir son trouble et s'agitait en couvant mon père du regard. C'était avec une espèce d'empressement joyeux qu'elle s'affairait autour de mes parents. Ses bracelets tintinnabulaient au rythme saccadé des moulinets de ses bras. Cependant, sous cette surface de gaieté affleurait une tristesse pénétrante. La sourdine du malheur accompagnait chacun de ses excès et même son exubérance ne parvenait pas à chasser les tics nerveux qui, imperceptiblement, contractaient ses joues. Il se passait quelque chose d'inhabituel. J'en aurais donné ma main à couper.

Je me levai pour aller faire un tour à la cuisine. Aussitôt l'attention de ma tante se porta sur moi : « Où vas-tu ? s'enquit-elle d'une voix suraiguë.

– Saluer Cassandra. »

La consternation ravagea le visage d'Anna. Elle eut soudain cent ans.

« Elle n'est pas là, reprit notre hôtesse avec difficulté. Tu ferais mieux de t'asseoir, Tom. J'ai de mauvaises nouvelles. »

Ma mère renversa quelques gouttes de café sur le guéridon en voulant se débarrasser de sa tasse. Mon père, lui, s'était redressé. Ces quelques mots avaient balayé la bulle de légèreté qui protégeait notre groupe. Nous avions fait semblant d'oublier nos angoisses et voilà qu'elles nous frappaient de plein fouet.

« J'aurais aimé que des circonstances plus favorables provoquent ton retour, articula tante Anna, les yeux perdus dans ceux de mon père. Nous aurions eu le temps de nous expliquer, de nous comprendre... »

Il y eut un instant de gêne et ma grand-tante continua sans plus chercher à retenir sa peine : « Cassandra a disparu. »

Ma mère porta la main à ses lèvres pour retenir une exclamation de stupeur tandis que mes mâchoires se serraient jusqu'à me faire mal. Tête basse, Anna entama son récit : « Hier matin, elle s'est rendue dans la cave. Elle voulait astiquer les lieux avant ta venue. J'ai eu beau lui affirmer que tu te moquais comme de ta première couche-culotte de la propreté de cette pièce, elle n'a pas voulu en démordre. Armée de son balai et d'un seau, elle a entrepris un récurage en règle. Un peu plus tard, un hurlement affreux nous a fait sursauter, Max et moi. Nous nous sommes rués dans la cave. Nulle trace de Cassandra. Le balai gisait sur le sol, le seau était renversé, son contenu répandu. J'ai d'abord songé que, avec son éternelle gaucherie, Cassandra avait commis une bévue. Il n'en était rien. Comme je l'appelais, pensant qu'elle se dissimulait dans un coin obscur, Max a remarqué que la deuxième Porte était entrebâillée. Nous nous en sommes approchés doucement. À l'instant même où j'allais saisir la poignée, la porte s'est refermée en un claquement sinistre. Il a fallu se rendre à l'évidence : Cassandra avait basculé de l'autre côté. Pour être plus exacte, je pense qu'elle a été aspirée par l'univers de la deuxième Porte car elle n'aurait jamais franchi le seuil de sa propre volonté. Son apprentissage s'est arrêté à la première étape. Elle n'avait donc pas le droit de pénétrer dans ce monde. En fait, je crois que nous pouvons parler d'enlèvement. »

Difficile de décrire le brouhaha qui suivit. Chacun fulminait, tentait de donner son avis ou de suggérer les mesures à prendre.

C'est sur ces entrefaites que Max choisit de faire son apparition. Il trottait à vive allure sur le parquet, sautait sur le tapis de haute lice, en prenant soin de conserver un air de majesté. J'avais peine à l'imaginer dans la peau d'un beau jeune homme tel que me l'avait dépeint tante Anna. Il avait été promis aux plus grandes dignités magiques avant son duel avec le Dragon. Hélas, Mordom Horpilleur, toujours lui, avait glissé son grain de sable dans cette confrontation qui s'était soldée par la métamorphose de Max. La vélocité de sa course rendait plus difficile encore la comparaison de Max avec un être humain. À un mètre derrière lui, un énorme volume à la reliure de chevreau brinquebalait. J'étais un familier des démonstrations de télékinésie. Je pratiquais moi-même ce sport, avec moins de brio, certes, mais non sans une certaine facilité. Aussi ne fus-je pas surpris outre mesure par ce mode de transport. Il n'en alla pas de même pour ma mère. La vision d'une souris lui donnait l'élan d'une femme-canon pour escalader les meubles. Max et son livre rampant la transformèrent en fusée interstellaire. Elle grimpa sur le dossier du canapé qui s'effondra sous son poids, pour se jeter ensuite vers le seul élément du mobilier qui offrait une altitude satisfaisante : le bahut. Par malheur, les parois de bois lisse interdisaient toute préhension. Éperdue, ma mère se propulsa vers son mari et se suspendit à son cou. Sous l'assaut, mon père s'inclina vers l'avant, se redressa, s'inclina vers l'arrière et finit par choir sur la table basse. Cette dernière se brisa dans une averse de porcelaine et de café. Une horde de Huns n'aurait pas causé plus de dégâts.

« Trop d'honneur ! railla Max devant les ruines du salon. Un simple bonjour aurait suffi. »

Malgré la nouvelle tragique que nous venions d'apprendre, les côtes me faisaient mal tant j'avais envie de rire.

« Tiens ! un revenant, s'écria le lézard en toisant mon père de ses fines pupilles. D'abord le rejeton, ensuite les parents ! Anna, comptes-tu ouvrir un hôtel ? persifla-t-il. Un panonceau refusant l'entrée aux femmes hystériques éviterait bien des désagréments.

– Lorsqu'il est de mauvaise humeur, c'est-à-dire le plus clair du temps, il ne faut pas prêter l'oreille aux propos de cet animal, commenta tante Anna en aidant mes parents à se relever. Je crois qu'il serait plus judicieux de prévoir un panonceau *Lézard grincheux s' abstenir.* »

Max dédaigna la remarque et vint s'installer sur son livre. Puis, drapé dans une morgue professorale, il s'adressa à moi : « Aucun progrès depuis ton départ. À première vue, je dirais même que tu as nettement régressé. Cet enfant est affligeant de paresse.

– Mais tante Anna m'a déconseillé d'utiliser la magie ! protestai-je illico.

– Des prétextes dignes d'un morveux de cinq ans. Quelle misère ! Quand je songe à ce qui t'attend, j'ai presque envie d'abandonner mon rôle de formateur. »

Et voilà ! En moins d'une minute mon professeur se montrait odieux. Comment avais-je pu regretter sa compagnie ? Évidemment, ce n'était pas lui que la deuxième Porte avait englouti !

« Anna, tant que j'y songe, ordonna Max indifférent à mon air boudeur, tu devrais nous procurer une rampe UV.

– Une rampe UV ! » m'exclamai-je. En quoi des séances de bronzage pouvaient-elles m'aider dans ma progression dans l'art de la sorcellerie ? On n'allait tout de même pas m'imposer un concours de beauté ! Ou peut-être allais-je débarquer au milieu des surfeurs de la côte ouest des États-Unis !

« Que le diable me patafiole ! Avec toutes ces péripéties, nous n'avons pas songé à t'indiquer ta destination. Le monde qui s'étend derrière la deuxième Porte est celui de l'Égypte. Quelle civilisation raffinée ! Tu verras comme le désert recèle de charmes... S'il y faisait un tout petit peu moins chaud et, bien sûr, à condition de ne tomber ni sur un scorpion ni sur un serpent, ce serait le paradis. Lors de mon séjour auprès de la pharaonne Hatchepsout, j'ai été émerveillée... »

Tante Anna ne put énumérer la liste des délices égyptiennes, ma mère venait de s'évanouir.

# 8

**Quelle journée !** Je ne pus réprimer un soupir de soulagement tandis que la porte de ma chambre se refermait. Je m'appuyai contre le chambranle pour me familiariser à nouveau avec ce décor que j'avais quitté depuis quatre mois. Sans allumer la lumière, mon regard fit l'inventaire de la pièce. Le bureau, l'armoire, le coffre, le lit : chaque chose était à sa place. Sur la table de chevet, la forme cubique de Rocky, le radio-réveil doué de parole, m'arracha un sourire. Plus fort que la fatigue, un sentiment de joie m'envahit. Je pouvais dormir en paix, les menées malfaisantes de Mordom n'avaient pas réussi à détruire l'ordonnance de la vieille bâtisse. Bien sûr, il avait mis la main sur Cassandra. Mais, pour ce faire, il avait dû la dérober à cet univers protecteur et la propulser dans un monde parallèle. Pour l'instant, son pouvoir s'arrêtait au seuil de cette demeure. Dans la pénombre, je m'approchai de la fenêtre et contemplai le paysage nocturne. Le clapotis de l'étang chatouillait mes oreilles. La brume enroulait ses turbans sur la cime des arbres dont les branches se dressaient comme pour déchirer le ciel. Oui, nous étions à l'abri. Mais pour combien de temps ? L'étau de la forêt se resserrait, inexorablement...

Une voix rocailleuse me fit sursauter : « Salut gamin ! » Une rangée de dents brillait dans l'obscurité. Je présentai mes excuses à Rocky pour ce réveil nocturne. « Te bile pas, répondit l'appareil. Ça fait plaisir de te voir, je commençais à me barber. J'ai élargi mon répertoire en prévision de ton retour. Tu verras demain. Je ne crois pas que ce soit le moment idéal pour un concert. Tu ferais bien de te coucher, une longue journée t'attend. »

Je suivis le conseil de mon ami, me déshabillai en un tour de main et me glissai sous la couette. J'étais fourbu. Les discussions s'étaient poursuivies jusqu'à une heure avancée de la nuit et ma tête bourdonnait encore des explications fournies par Max et tante Anna. Je bâillai à m'en décrocher la mâchoire. Malgré mon épuisement, je savais que j'aurais du mal à trouver le sommeil : trop de questions restaient encore sans réponses. Quel sort Mordom avait-il réservé à Cassandra ? La vieille dame était-elle en son pouvoir ou avait-elle réussi à lui fausser compagnie ? L'inquiétude distillait son poison. Je m'étais pris d'affection pour notre cuisinière et la savoir en danger m'atteignait au-delà de ce que j'aurais imaginé. Nous formions désormais une famille et chacun de ses membres était cher à mon cœur. Ces lamentations étaient vaines. Nous n'avions plus le choix. Cela résumait assez correctement l'opinion de Max. Notre mentor avait accaparé la parole une grande partie de la soirée, noyant chacune de ses conjectures sous des raisonnements interminables. Le tout pour conclure que Mordom nous poursuivait de sa haine et n'aurait de cesse qu'il ne nous ait exterminés. Pourtant, tant de points demeuraient énigmatiques... Pourquoi, par exemple, avait-il lancé une de ses créatures à ma recherche ? Ma récente victoire dans la Chine ancienne l'avait-elle affolé ? Certes, j'avais déjoué ses plans en rétablissant le gardien de la Porte dans ses fonctions et, par là même, j'avais à nouveau donné aux apprentis sorciers la possibilité de se former. Cependant je restais un novice qu'il pouvait écraser d'un revers de main. Mes capacités n'atteignaient pas un centième, que dis-je, un millième des siennes ! Alors, comment expliquer cet acharnement ? L'hypothèse d'une vengeance attachée à notre lignée n'était pas satisfaisante, nous étions tous tombés d'accord là-dessus. Il avait puni mes grands-parents, Louis et Déborah, parce que ces derniers s'étaient ouvertement opposés à lui. Alors, que redoutait-il de la part d'un vulgaire collégien ? C'était un véritable casse-tête. De surcroît, le maître des ténèbres ne devait pas être sûr de mon identité, sans quoi Virulos n'aurait pas attendu d'avoir la confirmation de mes pouvoirs pour se démasquer. À ce propos, je songeai à la consternation de tante Anna lorsqu'elle avait appris mon utilisation de la magie contre Willie. Car si elle m'avait mis en garde, elle avait toutefois omis de préciser que l'accomplissement des sorts dans le monde des humains provoquait une déflagration perceptible à l'ouïe des magiciens. Je revis son visage pâlir à la narration de mon exploit. La pauvre femme regrettait amèrement sa négligence. Qui aurait pu la blâmer ? Je n'étais pas censé avoir recours à la magie. J'avais encore bien des progrès à faire avant de devenir un sorcier émérite, bien des connaissances à acquérir. Dès demain, nous allions travailler à atténuer le bruit que ma maladresse suscitait. Heureusement, ce raffut n'était plus perceptible dans les mondes qui s'ouvraient derrière les sept Portes. Faible compensation ! Si je m'étais contrôlé, nous n'en serions pas là. J'aurais achevé mon année au collège de la Source et Virulos en aurait été pour ses frais. Mais à quoi bon revenir sur le passé ? Ce qui était fait ne pouvait être défait. Mordom m'avait repéré et rien ne l'empêchait d'intervenir en personne... D'ailleurs pourquoi tardait-il ? Toutes ces questions se chevauchaient dans ma cervelle. Je sentais mes neurones crépiter. Je me retournai dans le lit, en quête d'un repos de brute qui mette un terme à ce ressassement aussi inutile qu'harassant. Dans ces conditions, était-il raisonnable de continuer mon enseignement ? En franchissant la deuxième Porte, n'allais-je pas me livrer pieds et poings liés à mon ennemi mortel ? Et Cassandra ? Ne fallait-il pas au contraire tenter l'impossible pour la rejoindre ? Des larmes de rage mouillèrent mon oreiller. À bout de forces, l'esprit torturé, le corps rompu, je parvins enfin à succomber au sommeil.

Les crocs du soleil sur ma joue me réveillèrent. Je me frottai les yeux et mis quelques secondes avant de comprendre où je me trouvais. Derrière la vitre, des nuages s'effilochaient sur l'azur du ciel. Je n'irais pas jusqu'à dire que la nuit avait été réparatrice : j'étais encore patraque et j'espérais que le petit déjeuner me remettrait d'aplomb. Je repoussai la couette et posai le pied sur le parquet. Un craquement disgracieux accompagna ma sortie du lit.

« Hein ! Quoi ! *Oh my God!* Je roupillais comme un bienheureux ! »

Rocky tressaillait de colère sur la table de chevet. Je le saluai timidement, navré d'avoir interrompu sa nuit.

« Quelle heure est-il ? » brailla-t-il avec brusquerie.

Je haussai les épaules en signe d'ignorance.

« Euh, oui ! C'est plutôt à moi de connaître ce genre de chose... grommela-t-il. Quoi, huit heures ! »

Je plaquai la paume de mes mains sur mes oreilles de peur que mes tympans ne soient percés. Mon compagnon venait de hurler au point de faire s'effondrer les cloisons ! Pour réparer ce qu'il jugeait comme un manquement grave à son devoir, Rocky entama un air. Bien malin qui aurait pu distinguer un mot dans les criailleries que m'infligea le radio-réveil. Il beuglait comme s'il donnait une représentation au Palais omnisports de Bercy et souhaitait capter l'attention de milliers d'auditeurs. Je ne pris pas la peine de me changer. J'attrapai mes vêtements de la veille et fonçai dans le couloir avant que ma tête n'explose. Une fois la porte claquée, je me hâtai de dégringoler l'escalier pour rejoindre le hall où les décibels devenaient plus supportables. Aucun doute, personne ne profiterait d'une grasse matinée ! J'avais l'air ridicule, en slip, face aux portraits de mes ancêtres en redingote. J'enfilai mon jean et mon tee-shirt en affectant de ne pas remarquer leur mine guindée.

Je m'approchais de la cuisine quand la voix altérée de ma mère me fit ralentir. Les adultes étaient déjà debout. Aucun des occupants de la demeure n'avait désiré paresser entre les draps. Aussitôt assemblé, le petit groupe avait poursuivi la conversation de la veille. Je me glissai le long du mur, jusqu'à l'entrebâillement de la porte, dans l'espoir de surprendre les propos qu'on aurait voulu me camoufler. Après un court silence, le timbre aigu de ma mère s'éleva une fois de plus : « Comment osez-vous envisager ça, maintenant que nous sommes sûrs des intentions de Mordom ? Mathieu ! Dis quelque chose. Tu ne vas pas expédier Tom... » Sa phrase se brisa en un sanglot. J'entendis mon père murmurer des paroles apaisantes.

Cette fois ce fut Max qui parla : « Plus il progressera et plus nos chances de survie augmenteront. »

Le reptile n'usait plus de son ton doctoral. Il y avait même une certaine humanité dans son intervention. Visiblement, il était ému par l'affliction de ma mère. Ce trait de caractère ne m'étonna pas outre mesure. Max n'était pas dépourvu de sentiments. Il l'avait d'ailleurs démontré à maintes reprises.

« Votre fils en est aux prémices de sa formation. Si

nous le gardons avec nous, nous stopperons son apprentissage. Et nous serons condamnés à périr.

– Partons donc avec lui !

– Ce n'est pas si simple, soupira mon professeur dont la patience était mise à rude épreuve. Aucun d'entre nous n'est habilité à franchir les Portes. Vous, ses parents, parce que vous n'appartenez pas au monde des sorciers. Si vous passiez le seuil d'une des Portes, vous seriez immédiatement désintégrés. Quant à Anna et moi, nous n'avons plus le droit de pénétrer dans ces univers. Notre tour est déjà passé. Si nous enfreignions les lois, Dieu sait ce qui pourrait se produire. Rien de bénéfique en tout cas. Non, nous devons le laisser agir seul. Chacun doit suivre sa route. Quelque forme que revête la destinée de Tom, c'est à lui de la découvrir. Ni nos appréhensions ni nos désirs ne changeront quoi que ce soit à son parcours. Et toute révolte est inutile. Je suis désolé. »

Un grand froid s'était abattu dans la cuisine. Je distinguais les respirations des quatre adultes. La déclaration de Max était tombée comme le couperet d'une guillotine.

« Je n'autoriserai jamais ce départ, articula mon père avec fermeté. Max, j'ai écouté vos arguments et j'en tiens compte dans ma décision. Mais je ne livrerai pas mon fils à cette bête fauve de Mordom. Il a déjà ravi mes parents, deux sorciers autrement plus compétents que Tom. Vous proposez de l'envoyer à l'abattoir.

– Nous nous laissons emporter par notre affliction, intervint tante Anna sur un ton qui ne tolérait aucun commentaire. Il est inutile de nous bercer d'illusions. Nous obstiner à poursuivre la formation de Tom dans les circonstances actuelles est pure folie. Je me range à l'opinion de Mathieu et de Sophie. »

J'en avais assez entendu. Ces quatre personnes discutaient de *mon* avenir. J'avais aussi mon mot à dire :

« Je veux sauver Cassandra. »

Les visages se tournèrent vers moi, ahuris. Nul ne s'attendait à me voir surgir de la sorte. Le vacarme provoqué par Rocky ne les avait pas alertés de mon réveil. Trop occupés à débattre, ils avaient perdu la notion du temps.

« De quoi te mêles-tu ! » tonna mon père en se tortillant sur sa chaise, gêné d'être pris au dépourvu.

« Si nous sommes réduits à l'impuissance, notre amie est définitivement perdue », déclara Max, les pupilles rétrécies à la dimension d'une tête d'épingle.

# 9

**Voilà, c'est à l'instant précis** où l'on place sa confiance dans les adultes qu'ils choisissent de vous trahir. Vous êtes toujours trop petit, trop faible, trop irréfléchi, pas assez mûr, pas assez prudent, pas assez formé. Et parce qu'ils ont un âge avancé, ils estiment avoir le droit de décréter ce qui est bon. J'avais bêtement espéré que les péripéties des derniers jours avaient installé des rapports d'égalité. Après tout, j'étais à l'origine de tous les drames. Par ma faute mes parents étaient en fuite. Par ma faute nous subissions les représailles de Mordom Horpilleur. Par ma faute Cassandra s'était volatilisée. Et je n'avais pas mon mot à dire. J'étais écœuré. On m'avait chassé de la cuisine comme un malpropre. Ils avaient tous formé bloc contre moi. Même Max, qui partageait mes sentiments, s'était rangé dans le clan des « personnes responsables » ! Je fulminais. Mes poings frappaient les murs du couloir tandis que je regagnais ma chambre où j'étais désormais consigné. De toute façon, je préférais demeurer seul plutôt que d'affronter l'intraitable sévérité de mes parents. J'envoyai la porte buter contre le mur avec violence. La rage bouillonnait en moi. J'empoignai la couette et l'arrachai du matelas. La masse de tissu voltigea dans la pièce avant de s'écraser sur le bureau. C'était loin d'être suffisant. Mes nerfs exigeaient davantage. L'envie me prit de renverser l'encrier sur le coton pour gâcher irrémédiablement la parure de lit. Bien sûr, c'était puéril, mais n'était-ce pas justement ce qu'on attendait de moi ! Puisque je n'étais qu'un gamin de douze ans, j'allais agir comme tel. Et je pouvais même régresser jusqu'au stade du bébé hargneux.

« Holà ! Ça swingue ! » s'écria Rocky, exhibant son impeccable dentition.

J'avais oublié sa présence.

« Attends, je te donne le tempo », proposa-t-il, à des années-lumière de mes tracas. Je bougonnai des injures, tant sa bonne humeur m'agaçait. Mais à peine les avais-je proférées que les remords m'accablèrent. Le radio-réveil n'y était pour rien et son amitié ne méritait pas un tel sort : Je m'excusai.

« Si tu vidais ton sac ? suggéra mon compagnon. Nous avons tous besoin de nous exprimer. Moi, quand j'ai le blues, je chante. Ça ne veut pas dire que je ne sais pas prêter l'oreille aux ennuis d'autrui. »

Cette offre était plutôt sympathique, mais que lui dire qui n'attire pas les sempiternels conseils de sagesse ?

Rocky interpréta ma mine renfrognée comme de la réticence.

« Max t'a fait le coup de la formule à dénicher ? dit-il avec un accent de moquerie. Un peu éculé comme procédé. Ce vieux rabat-joie ne varie pas beaucoup ses méthodes d'enseignement. Inutile de péter un plomb. Si tu me confies de quoi il retourne, je te filerai un tuyau. »

J'avais peur de ne pas bien comprendre. Et pourtant... Une idée germa dans mon esprit. Avec un peu d'habileté, j'arriverais à manipuler Rocky. Le plus sage était de le faire parler afin de voir jusqu'où il pouvait m'être utile. Je devais rester sur le qui-vive et veiller à ne pas me trahir.

« Ça concerne mon départ en Égypte », répondis-je. Au moins, je ne me mouillais pas.

« Déjà ! aboya l'appareil. Eh bien ! Tu suis une formation accélérée ! D'habitude, les étudiants potassent des après-midi entières dans la bibliothèque sous la férule de maître Max avant de préparer leur baluchon.

– Il y a urgence. Il faut récupérer Cassandra. »

C'était un demi-mensonge. D'accord, ce n'était pas glorieux et je n'étais pas spécialement fier de moi. Mais j'étais coincé.

« Ouille, ouille, ouille ! L'affaire se corse, jugea mon interlocuteur. S'il est si pressé, Max ne devrait pas perdre son temps avec des énigmes. Quoique ça ne m'étonne qu'à moitié. Cet animal est du genre tordu. Ses lectures lui sont montées au cerveau. Une véritable Cocotte-Minute ! Il doit y avoir des ratés dans ses circuits. Jamais de sport, pas la moindre distraction... » La fente de plastique noire qui lui servait de bouche se tordit en une grimace de dégoût. « Qu'est-ce qu'il t'a demandé ? La formule pour retenir par cœur *L'Encyclopédie des trolls* ?

Ou la phrase magique qui convertit ta mémoire en fichiers d'ordinateur ? »

Je haussai les épaules et tournai le dos à Rocky afin que mon visage ne me trahisse pas.

« Il veut que j'accomplisse les transformations nécessaires à mon voyage par mes propres moyens. » Je jouais l'indignation, espérant dissimuler les défaillances de ma voix. Mon cœur battait la chamade. Je regagnai la fenêtre et y appliquai mon front. La vitre glacée me fit l'effet d'un électrochoc. Par chance, la réponse de mon compagnon de chambre ne tarda pas.

« Tu parles d'un challenge ! C'est la première fois qu'il lui vient une idée aussi biscornue. Il devrait peut-être envisager une cure de thalassothérapie, le surmenage le guette ! Exigence ridicule ! La formule est beaucoup trop complexe. Tu n'as aucun espoir. »

Comment peindre ma déception ? J'avais espéré me venger des adultes en arrachant le sortilège de métamorphose à Rocky, mais le piège que je venais de lui tendre menait à une impasse. J'étais incompris et impuissant. Il ne me restait qu'à me soumettre au choix des plus vieux, malgré l'envie qui m'étreignait de leur prouver leur erreur. Ce qui me mettait en rage, c'était de constater qu'ils avaient raison. Car de quelque côté que je me tourne, l'action était interdite. Misère !

« Évidemment, grésilla Rocky dont les réflexions avaient suivi leur cours, je pourrais te donner un coup de pouce. J'ai été témoin de multiples mutations. Avec un petit effort de mémoire, je pourrais retrouver les incantations d'Anna. »

Je pivotai sur mes talons et me ruai sur le radio-réveil.

« Ouais, le problème, c'est que, au moindre faux pas, tu risques de récupérer un membre supplémentaire, ou d'égarer une oreille, ou de changer de couleur.

– C'est d'accord.

– Houlà ! Ça va me retomber dessus. Si Max apprend que je l'ai roulé...

– Il n'en saura rien. Je raconterai que je me suis moi-même trompé en prononçant la formule. »

Comme Rocky tergiversait encore, je poursuivis avec flamme : « Et puis, dans le pire des cas, Anna annulera ton sort et me rendra ma forme initiale.

– Puissamment raisonné, approuva l'appareil en sautillant sur la table de chevet. Je t'avouerai que je meurs d'envie de doubler Max. Il a les chevilles qui gonflent beaucoup trop. Il est temps de lui enseigner l'humilité. »

Je poussai un cri de joie. Nous allions réussir. Il le fallait.

« Que dois-je faire ? demandai-je avec anxiété.

– Rien. Tout repose sur mon boîtier et ses composants électroniques. »

Rocky se mit à vibrer. De sa bouche sortait une sorte de friture incompréhensible. Cela semblait bizarre de l'observer alors qu'il ne pouvait me rendre mon regard. Le bruit cessa soudain et la fente qui lui servait de bouche s'élargit. Avant qu'il ait proféré un mot, son enjouement s'était mué en rictus.

« Pas de panique ! Je contrôle la situation », pleurnicha-t-il.

Cette déclaration m'alarma. Nous étions loin du hourra triomphal que j'attendais. Je baissai les yeux sur mes mains, mais elles étaient à leur place et mes dix doigts répondirent normalement quand je leur commandai de bouger. Je tâtai mes membres, mon corps... Si une transformation avait eu lieu, je n'en avais pas conscience. Rocky, lui, continuait à s'agiter sur le rebord du meuble. Énervé par cette attitude insolite, je poussai un soupir d'agacement. C'est alors qu'un son strident sortit de mes narines. Je portai mes mains sur ce qui autrefois me servait de nez. Le contact m'intrigua. Je louchai pour apercevoir mon appendice nasal. Une vague de terreur m'enveloppa : au beau milieu de mon visage trônait désormais un magnifique sifflet de métal, comme celui qu'utilisent les gendarmes dans les vieux films ! La peur accéléra ma respiration et provoqua d'intenses stridulations. Nous nous serions crus au milieu d'une manifestation.

« Reste cool, balbutia Rocky aussi impressionné que moi. Je récite la formule à l'envers. »

Je priai le ciel pour que le sortilège s'inverse. Avec un tel attribut, je n'avais d'autre avenir que celui d'animal de cirque. Je me voyais déjà enfermé dans une cage, livré au regard moqueur du public contre une modeste rétribution. Tom Cox, le garçon à sonnette ! C'était payer bien cher mon désir d'indépendance. Rocky marmonna des syllabes confuses qui, miraculeusement, me firent retrouver mon aspect originel.

« On ne devrait peut-être pas renouveler l'expérience, suggéra l'appareil que cette première tentative avait réfrigéré.

– Pas question de renoncer si près du but. Essaie encore. »

J'avais sans doute été convaincant, car mon ami obtempéra sur-le-champ.

Cette fois mille picotements me parcoururent l'épiderme. Mes poils se dressaient sur mes avant-bras tandis qu'une nausée me soulevait le cœur. Je vis ma peau brunir jusqu'à atteindre une nuance semblable à la brique. Mes cheveux chatouillaient maintenant mes épaules. Le changement était total : le Parisien pâlichon à force de pollution avait cédé la place à un enfant du désert. Je trépignais d'impatience.

« Bravo ! Passons aux vêtements », ordonnai-je.

Galvanisé par ce succès, Rocky s'appliqua à me fournir une garde-robe. Les vêtements surgirent du néant avec une violence qui m'obligea à plier retraite derrière le lit. Pagnes, chemises, manteaux et capes fendaient l'air comme des boulets de canon. Le sol disparut bientôt sous un amas hétéroclite. Je dus freiner l'ardeur de mon compagnon, sans quoi nous périssions étouffés sous cette avalanche.

« Je me suis laissé emporter, reconnut Rocky. Fais le tri. Si tu veux tout prendre, il te faudra aussi un semi-remorque ! »

Après avoir enfilé un pagne de lin immaculé, je glissai quelques-unes des tenues dans une besace. Il était inutile de trop me charger. Une paire de sandales compléta mon équipement. Enfin j'attrapai Tooloo, mon Furby, qui ne se manifesta pas lorsque je l'enfournai dans le sac.

« Stop ! cria l'appareil comme je m'apprêtais à quitter la chambre. Tu oublies l'essentiel. Si tu pars maintenant, tu vas avoir de sérieuses difficultés de communication. Je ne crois pas que les Égyptiens comprennent le français... »

Où avais-je la tête ! Encore heureux que je n'aie pas pris la fuite dans cet état. Le résultat aurait été joli. Cette bévue insinua le doute dans mon esprit. Ne présumais-je pas trop de mes capacités ? Et si mes parents avaient raison ? Si je me jetais dans la gueule du loup ? Bah ! Qui ne tente rien n'a rien. De toute façon, il était hors de question d'abandonner Cassandra. Me résigner à la perdre était au-dessus de mes forces.

« C'est le plus facile », avoua Rocky, faussement modeste.

Je le remerciai chaleureusement.

« Pardon ? Ça marche au-delà de mes espérances : je ne comprends rien à ton charabia ! s'exclama-t-il. Cours te montrer à Max. Mais motus sur ma participation. Je ne veux pas finir au grenier, entreposé avec les vieux coucous mis au rebut. À ton retour, nous formerons un duo sur une chanson du King. »

C'est sur Elvis Presley que s'acheva notre conversation... J'entrebâillai la porte et lançai un coup d'œil dans le couloir. Pas un chat à l'horizon. Les adultes discutaient toujours dans la cuisine. Que de temps perdu en palabres ! Je dévalai les marches sur la pointe des pieds, contournai l'escalier. Devant moi, la porte de la cave : je l'ouvris le plus doucement possible ; elle lâcha un grincement sinistre. Le sang cognait à mes tempes. Je descendis pourtant jusqu'au sol de terre battue. Le seau et le balai de Cassandra, dépouilles dérisoires du drame, reposaient dans un coin. Cette vision m'enhardit. Je fis face aux sept Portes qui alignaient leur revêtement de métal verdâtre. Le monde de la magie étaient à portée de main. Du cran, Tom ! Ma paume effleura la poignée de la deuxième Porte. Qu'adviendrait-il si elle restait close ? Lors de mon premier voyage, n'avions-nous pas dû attendre que la Porte s'ouvre d'elle-même ! Tous mes efforts risquaient d'échouer ici. Mes parents découvriraient la supercherie et j'aurais droit au savon du siècle ! J'accentuai la pression. Une vibration secoua la matière rigide. Elle s'amplifia jusqu'à me faire claquer des dents, mais je ne relâchai pas ma prise. Il y eut un claquement. Puis le silence. Des gouttes de sueur dégoulinaient le long de ma colonne vertébrale. Enfin, le battant s'ouvrit. Une vive lueur verte envahit la cave. L'éclat devint vite aveuglant. J'avalai une goulée d'oxygène et me précipitai dans la lumière.

*« MORDOM A LANCÉ l'invasion ! »*

*La voix de Clothon se répercuta dans l'espace hermétiquement clos de la Branche des Secrets. Les mots ricochaient comme des balles sur l'épaisseur du feuillage.*

*Memna ne broncha pas, mais son visage se creusa de rides. Ce fut sa seule réaction visible.*

*Elle s'offrit le luxe de s'installer sur l'un des trônes de cristal qui flottait à quelques centimètres du sol, sans répondre aux regards insistants de son compagnon. Tout se déroulait selon les prédictions du Livre des prophéties.*

*Memna secoua ses pensées qui s'enlisaient dans une torpeur maléfique. Elle se redressa et transperça Clothon de son œil lucide : « Nous y voici donc. »*

*Le vieillard la rejoignit et s'assit sur le trône resté vacant. Sa carcasse s'effondra tandis que le siège vacillait.*

*« Qu'en est-il précisément ? interrogea Memna prête à affronter la morsure de la vérité.*

*– À l'heure qu'il est, murmura son interlocuteur, les troupes de Mordom se lancent à l'assaut du septième monde, celui des elfes. Elles entreprennent son anéan-*

*tissement systématique. Les légions brûlent toute forme de vie. D'ici quelques jours, le paradis des elfes sera devenu une terre carbonisée, un désert stérile de charbon et de cendres.*

*– Il a donc choisi de s'attaquer aux plus nobles et aux plus inoffensives des créatures !*

*– Son plan est clair, acquiesça Clothon. Une fois la civilisation des elfes balayée, Mordom établira son propre royaume dans le septième monde. Il projette d'y édifier une forteresse inexpugnable d'où lancer les conquêtes à venir. Et s'il réalise ce souhait, il sera invincible.*

*– C'est une tactique sans faille », admit-elle. Le timbre de sa voix claquait comme deux pièces de métal qu'on heurte.*

*« S'il parvient à conquérir le septième monde, avertit Clothon, l'invasion se poursuivra jusqu'à... »*

*Il resta muet. Les mots ne pouvaient plus franchir sa gorge. Ils labouraient sa poitrine, mais les expulser aurait été plus terrible encore. Memna acheva à sa place : «... jusqu'à la Branche des Secrets, notre sanctuaire. »*

*L'aïeul hocha la tête, tandis qu'un sanglot lacérait ses poumons.*

*« Il pourra alors nous détruire, scanda Memna, terrasser les Sages et ruiner l'ordonnance de l'univers. »*

*Un sourire énigmatique glissa sur les lèvres de la vieille femme. Eux, les êtres éternels, allaient connaître la mort ! Le règne des Sages était révolu. Ils allaient disparaître.*

*Clothon frémit devant le fatalisme de sa compagne. Il ravala sa révolte. À quoi bon ! Memna avait raison. Elle ne se départait jamais de son sang-froid. Il l' admira pour sa dignité. Une fois encore elle le remettait dans le droit chemin.*

*« Quelle chance nous reste-t-il ? » demanda Clothon calmé.*

*Memna lui jeta un regard où la malice surnageait dans un océan de désespoir : « L' enfant. Il nous reste l' enfant. »*

*Une moue dubitative tordit la bouche de l' ancêtre : « Ses capacités sont encore bien faibles. Même si l' acquisition de la Perle noire lui a donné le pouvoir de prescience, il n' est pas de taille.*

*– Pas pour l' instant, confirma Memna.*

*– Nous manquons de temps ! Mordom n' attendra pas que la formation du gamin soit achevée.*

*– Il ignore encore le rôle que doit jouer l' adolescent. Seuls quelques doutes l' agitent parfois. Ainsi a-t-il envoyé ses lieutenants neutraliser les apprentis sorciers. Il a bien d' autres chats à fouetter. »*

*Memna ferma les paupières. La fatigue ralentissait la course du sang dans ses veines.*

*« Où en est Tom ? interrompit le vieillard.*

*– Il vient de passer la deuxième Porte, dit-elle les yeux clos. Sans préparation, de sa propre initiative. »*

*Le trône de Clothon traduisit sous forme de bourdonnement le haut-le-corps de son occupant.*

*« Trop de fougue ! Trop d'indiscipline ! Je savais qu'il courrait à sa perte.*

*– Nous n'avions pas le choix. » C'était presque un cri. Pourtant le visage de la vieille femme restait impassible, comme fossilisé par l'âge. « Le Livre l'a choisi. Nous devons lui faire confiance. Et patienter.*

*– Si Mordom le permet », trancha Clothon.*

# 10

« **Je suis en droit** d'espérer des retrouvailles plus chaleureuses ! » criaillait une voix à mon oreille.

La téléportation m'avait un peu assommé et le rayonnement du jour m'empêchait encore de distinguer les contours des êtres et des choses qui m'entouraient. Je clignai des paupières, ébloui par des gerbes de feu. La température dépassait les limites du tolérable. Une brise se leva, accompagnée d'un nuage de sable qui s'engouffra dans ma gorge et me fit suffoquer. Jamais, même au cœur de l'été, je n'avais ressenti à ce point la massue de la chaleur. C'était comme si un petit malin venait de pointer un sèche-cheveux à trois centimètres de mon visage dans l'intention de me jouer un tour. Malheureusement, il n'y avait pas de farceur et encore moins de prise qui permette de débrancher le sèche-cheveux. J'étais simplement en Égypte, perdu dans ce qui ressemblait à un désert. Sable et rocaille, voilà à quoi se résumait le paysage environnant. À perte de vue, des éclats de roches fendues par l'épée du soleil, sans le plus mince brin de verdure.

« Si j'étais toi, je me coucherais sur le ventre. C'est lorsqu'il est saisi des deux côtés qu'un steak est le meilleur. »

Cette voix railleuse, légèrement méprisante, je l'aurais reconnue entre mille : Tooloo ! Mon aiglon était revenu à la vie ! La nouvelle était plutôt réjouissante, bien que notre situation n'incitât pas à la joie. J'étreignis mon ami, envahi par un flot d'émotions confuses. Le bonheur de retrouver ce compagnon de la première heure se mêlait à l'embarras de l'avoir entraîné dans une aventure plus que périlleuse sans lui demander son avis. Heureusement Tooloo répéta sa mise en garde, ce qui abrégea nos embrassades. Encore une heure d'exposition intensive et nous finirions en succulents rôtis. Deux heures et il ne resterait que deux carcasses carbonisées.

« Comme d'habitude, râla le volatile, il faut parer au plus pressé. Tu as le chic pour atterrir dans des lieux de rêve. »

Tooloo avait toujours montré un réel talent pour mettre les pieds dans le plat. Mais cette fois je n'allais pas le blâmer. Il avait vu juste, exprimant tout haut ce que je me reprochais. Au moins cette remarque creva-t-elle l'abcès. Je n'hésitai plus à lui résumer les rebondissements qui nous avaient conduits en Égypte. Mon aiglon sembla prendre sur lui et ravaler quelques jurons sonores. Je crois qu'il était tellement anéanti par ce que je venais de lui apprendre qu'il en oublia de pester. Je profitai de ce répit pour scruter les alentours. Dire que tante Anna avait évoqué les délices du désert ! Il ne nous manquait plus qu'un scorpion et nous aurions été comblés !

Toujours muet, mon compagnon déploya ses ailes, esquissa quelques battements et s'envola, droit comme une flèche. Je me mis à guetter les cercles qu'il traçait dans le ciel dans l'espoir qu'il lâche un appel encourageant. Mais Tooloo tournoyait, gagnait de l'altitude sans apercevoir la moindre trace de vie. Je ramassai alors le contenu de ma besace que l'oiseau avait éparpillé en se dégageant de cette prison improvisée, saisis la paire de sandales et m'en chaussai. La plante de mes pieds cuisait sur la terre brûlante. Grâce à cette protection, j'allais pouvoir me déplacer. J'entortillai une chemise sur ma tête et me couvris les épaules d'un pagne long. Cet équipement pittoresque, s'il ne suivait pas les coutumes du pays, me protègerait de l'insolation. J'étais prêt à partir. Encore fallait-il choisir une direction ! Avant de m'élancer, il me fallait écouter le rapport de mon aiglon qui, du haut du ciel, avait sûrement trouvé la voie de notre salut.

Hélas, lorsqu'il se posa sur mon avant-bras tendu, ses conclusions manquaient d'optimisme. Aussi loin qu'il ait pu observer s'étalait un monde stérile et chauffé à blanc. Je n'avais pas songé à me munir d'une gourde et je m'écroulerais sans doute avant d'avoir franchi la distance qui me séparait de la civilisation. Je tentai de faire apparaître une bouteille d'eau, mais la chaleur trop violente nuisait à ma concentration mentale. Il allait falloir se débrouiller sans mes pouvoirs. J'avertis Tooloo de ce handicap supplémentaire. La peur décupla la colère de mon aiglon qui retrouva enfin son mauvais caractère et fulmina contre mon inconséquence. La richesse de son vocabulaire m'épata. Aucun camarade du collège n'aurait pu rivaliser ! Plutôt que d'attendre la mort accablé sous les injures, je décidai donc de partir au hasard. Ma route croiserait peut-être celle de nomades ? Il fallait faire confiance au destin. Et nous n'avions déjà que trop tardé, la déshydratation nous menaçait.

C'est alors qu'un tourbillon naquit entre deux pierres parcourues de veines rouges. Il enfla, s'épaissit, jusqu'à ce que se matérialise un vieillard au visage buriné.

Je reculai devant cette apparition. Sans doute était-ce un de ces mirages que crée la soif. L'homme était courbé sur une canne d'ébène. Des sourcils broussailleux se rejoignaient au-dessus de son nez camus, son crâne chauve luisant comme une tomate trop mûre. Sa poitrine était barrée par une peau de léopard qui lui cachait le bassin. Il ouvrit une bouche dépourvue de dents :

« Qui es-tu pour oser interrompre mes méditations ? Nul apprenti n'était annoncé en ce jour. »

Beaucoup trop agressif pour un vulgaire mirage. Avec véhémence, l'apparition jeta sa canne, contredisant encore l'idée qu'il s'agissait d'une vision. Le pommeau se brisa. « Au moins mon adversaire est-il désarmé », pensai-je aussitôt. Cette rencontre débutait sous de fâcheux auspices.

« Tom Cox, me présentai-je humblement. Je viens de franchir la deuxième Porte...

– Sans autorisation ! tonna le vieillard dont les joues se creusèrent, comme aspirées par le trou noir de sa bouche. Je déteste les présomptueux qui ne respectent pas les codes. Puisqu'il me revient de définir ta mission, je tiendrai compte de ton comportement. J'exige que tu me rapportes un œil Oudjat ayant appartenu à Pharaon. Autant dire que tu n'es pas près de revenir chez toi ! »

Un rire sinistre déchira la gorge du gardien. Cette sortie m'avait au moins permis d'identifier mon interlocuteur. Mon retour chez les miens dépendait donc de ce vieillard bileux ! Il revenait en effet au gardien de la Porte de déterminer l'épreuve de chaque apprenti sorcier, de juger de son accomplissement et de réexpédier le candidat dans son univers d'origine. Décidément, j'accumulais les problèmes. La mission s'annonçait des plus ardues. Pour dire la vérité, je n'en avais pas compris un traître mot. Un œil-ouille-jatte ! De quoi pouvait-il s'agir ? Il me parut déplacé de demander des explications. Renforcer la rancune du gardien me condamnerait à passer le restant de mes jours dans ce merveilleux pays...

En signe de respect, j'inclinai la nuque.

« Que Rê te juge selon ta valeur. Je n'écarterai pas son châtiment, récita le vieil homme en levant ses bras décharnés vers le disque jaune du soleil. Le Dieu dispose de sa créature. Mon pouvoir n'intercédera pas en ta faveur. »

Je ne doutais pas un instant que ce charabia eût un sens. Hélas, il m'échappait. Les leçons de Max me faisaient cruellement défaut. J'avais, comme n'importe quel élève de sixième, entendu parler des pharaons, mais ces cours remontaient à l'année précédente et je n'avais pas été un écolier très appliqué.

« Je suis à la recherche d'une amie qui a été kidnappée », lançai-je afin de me concilier les bonnes grâces de ce grincheux.

Les yeux du gardien s'écarquillèrent. Il me contempla comme il aurait contemplé un fou. Malgré les efforts de Rocky, les difficultés de communication s'amoncelaient. Ce n'est pas tout de partager la même langue, encore faut-il avoir une culture commune ! Quel pont établir entre le quotidien d'un petit Parisien du XXIe siècle et celui d'un Égyptien de l'Antiquité ? Un moment je crus que les globes oculaires de mon interlocuteur allaient quitter leurs orbites. Au lieu de ça, l'homme poussa un rugissement féroce. La colonne de poussière qui l'avait amené se recréa. Puis il y eut un claquement et l'apparition se volatilisa aussi subitement qu'elle était venue.

Je me retournai vers Tooloo qui avait enfoui son bec sous les plumes de ses ailes : « Je crois que nous sommes dans le pétrin... avouai-je.

– C'est juste une impression, déglutit l'aiglon.

– Si les habitants de cette contrée ressemblent à ce spécimen, bougonnai-je, je crains qu'ils ne nous réservent un accueil peu ordinaire. »

Il fallut se mettre en marche. Si mes souvenirs étaient exacts, l'Égypte se composait de zones arides que tranchait le cours du Nil, étroit ruban d'émeraude où s'agglutinait la vie. Notre survie dépendait de notre capacité à atteindre le fleuve. Cependant j'ignorais le nombre de kilomètres qui nous en séparait. Pire encore, si la course du soleil me permit de situer le nord, je ne savais pas sur quelle rive nous nous trouvions. Convenait-il de foncer vers l'est ou plutôt vers l'ouest ? Selon notre point de chute, nous avancerions vers les eaux poissonneuses ou nous enfoncerions irrémédiablement dans la fournaise. Sans faire part de ce dilemme à Tooloo, j'optai pour l'est. Le consulter n'aurait servi qu'à relancer ses accusations.

Je n'avais jamais progressé dans une telle désolation. Le sable se refermait sur mes chevilles, ralentissait mon allure. Bientôt les muscles de mes jambes devinrent douloureux. La gorge me brûlait, j'avais du mal à saliver et l'air de plomb fondu râpait ma peau. Mes lèvres commencèrent à se craqueler tandis qu'un cercle d'acier martyrisait mes tempes. Tooloo, quant à lui, voletait au ras du sol. Dès qu'il découvrait un roc d'une taille suffisante pour l'abriter, il s'y pelotonnait et me rattrapait en quelques coups d'ailes. Le pauvre oiseau paraissait mal en point. Ses mois d'inactivité ne l'avaient pas préparé à une telle course d'endurance. Depuis quelques minutes déjà, je n'entendais plus ses sarcasmes, preuve de son épuisement. Si nous ne tombions pas très bientôt sur un puits, c'en était fait de nous...

À bout de souffle, je plantai mes deux genoux dans le sol. L'air lacérait mes poumons mis à mal par l'effort. Je baissai la tête, cherchant en vain une étincelle d'énergie qui me donnerait le courage de me relever. La nuit semblait ne jamais vouloir venir. J'avais perdu toute notion du temps et de l'espace. Je n'étais plus qu'une immense fatigue. Dormir, me recroqueviller à même la terre, fermer les paupières et laisser l'épuisement m'envahir. Nous avions cheminé en vain, nous étions fichus !

Un faible glatissement me tira de cette torpeur. Tooloo dirigeait son aile vers l'horizon. Il ne parvenait plus à s'exprimer autrement que par signes. J'aurais voulu le réconforter, l'encourager à poursuivre sans moi, mais les mots réclamaient trop d'efforts. Le volatile s'approcha de mon bras, pinça la chair dans son bec. La douleur déclencha ses vrilles dans mon cerveau. J'avais redressé la tête. Devant moi, un point vert vacillait. Mensonge dû au vertige de la soif ou réelle présence de végétation ? Comment un tel miracle était-il possible ? Comment une plante aurait-elle trouvé assez d'humidité pour croître au beau milieu de cet enfer ? Je me traînai sur quelques mètres. Les formes douces d'un acacia dansaient devant mes yeux. La canicule devait m'avoir conduit jusqu'au délire. Je distinguais maintenant non pas un seul arbre, mais un bosquet entier. Je frissonnai à l'idée de l'ombre fraîche qui palpitait sous les branches. Et puis, cette éclosion de verdure n'annonçait-elle pas l'eau ? Les panaches touffus de palmiers dattiers s'étoilaient par-dessus les cimes des acacias. Une oasis ! Nous étions sauvés !

Tooloo me devança. Je le rejoignis sous la lumière violette des arbres, mon pied dérapant sur une étendue visqueuse : de la boue ! L'eau éclaboussa mes orteils. Sans réfléchir j'y plongeai la tête. J'aurais pu boire l'Atlantique et le Pacifique réunis. Le contact de ce liquide froid provoqua des spasmes dans tout mon corps. J'avais été trop pressé. Après ces heures d'errance à l'intérieur d'un four, il fallait user de précautions. Je m'appuyai sur un tronc rugueux afin de laisser le trouble se dissiper. Tooloo s'ébrouait au bord de la mare. J'avais envie de pleurer et de rire tant le soulagement était profond. Un groupe d'oiseaux s'égailla dans le ciel blanc. Leur débandade se refléta à la surface de l'eau. Nous avions dû importuner leur repos par notre irruption. Je trempai cette fois la main dans l'onde et la portai à ma bouche comme une coupe enchantée.

Mon geste se figea.

Sur la droite, les fourrés venaient de s'écarter sur une hyène d'un mètre cinquante de long. Le félin, venu se désaltérer, n'avait pas encore perçu notre présence. Il lapait goulûment, retroussant ses babines qui révélaient des crocs aiguisés. Puis un frémissement agita sa gueule : notre odeur agaçait ses narines. Brusquement la hyène planta son regard dans le mien. Elle s'immobilisa, son pelage se hérissant lentement. Je vis ses pattes arrière fléchir, préparer le saut qu'elle ne tarderait pas à accomplir pour assurer sa pitance du soir. Des gouttes d'eau dégoulinaient le long de ses mâchoires ouvertes. Le duel s'éternisait. Au moindre mouvement, elle bondirait sur moi et me déchirerait la gorge.

Inutile d'espérer atteindre une branche assez haute. L'animal, qui guettait mes réactions, empêcherait toute fuite. Quant à lui jeter un sort afin de le paralyser, autant me demander de résoudre un problème de mathématiques ou de courir un marathon. J'étais beaucoup trop épouvanté pour mobiliser mon énergie. Je n'avais échappé à la mort par déshydratation que pour me faire dévorer cru.

Les griffes de l'animal pénétrèrent dans la terre. La hyène se ramassait sur elle-même, prenait son élan. À l'instant où elle se détendit, un sifflement sec parvint à mes oreilles. Trop tard. Le fauve était sur moi et me renversait.

# 11

JE N'AI PAS PERDU connaissance, mais je n'ai gardé aucun souvenir des secondes qui succédèrent à l'assaut. La violence du choc me fit basculer en arrière, tandis qu'une douleur fulgurante me transperçait la poitrine. Puis ce fut le trou noir. Comme si j'étais en suspens, dans une dimension où mon esprit tournait à vide, sans lien avec la réalité. Je m'attendais à éprouver la souffrance atroce que provoquent les dents qui s'enfoncent dans la chair. Mais il n'en fut rien. Seul persistait un néant cotonneux.

Quand je fus à nouveau en possession de mes facultés, l'animal, inerte, pesait sur moi de tout son poids. Un liquide chaud et poisseux coulait le long de mon cou. J'avais été blessé et sans doute étais-je en train de me vider de mon sang. Cependant, mis à part la poitrine qui me brûlait, je ne sentais pas la faiblesse de l'agonie m'envahir. On écarta l'animal avec soudaineté. J'aperçus la silhouette altière d'un homme qui s'interposait entre le soleil et moi, agrippant la carcasse du félin de sa main noueuse. Sa taille m'impressionna. Sa forte carrure se découpait sur la cime des arbres. Le contre-jour dissimulait encore ses traits. Il se pencha sur moi. Un nez busqué tranchait son visage aux pommettes saillantes. Des sourcils épais, quoique finement dessinés, accentuaient l'acuité de son regard. Ce n'était qu'un homme, un homme rude, dont la force, empreinte de noblesse, trahissait l'habitude des périls. La précision de ses gestes révélait à quel point il savait conserver son sang-froid quelle que fût la situation. Sans doute avait-il surmonté de nombreux revers pour posséder une telle maîtrise. Sans doute aussi sa puissance venait-elle d'un passé tumultueux, parsemé de luttes sans merci, qui, en lui sculptant un corps d'athlète, lui avait aussi forgé le caractère. Bref, j'imaginais avoir affaire à un aventurier. C'est du moins ce qui me parut le plus vraisemblable lors de cette première rencontre inopinée.

« Tu peux dire que les divinités veillent sur toi, modula-t-il de sa voix grave. Si la chasse ne m'avait amené si loin du camp, la hyène n'aurait fait qu'une bouchée de toi. Enfant, que fais-tu seul dans ce désert ? Il ne passe aucune piste à cet endroit. L'oasis est abandonnée. Serais-tu un espion à la solde de nos ennemis ? »

J'allais réfuter l'accusation, quand le mouvement que je fis pour me redresser m'arracha un cri et me coupa le souffle.

« Ne parle pas. La hyène a planté ses griffes dans ta poitrine. Il faut soigner cette blessure au plus vite afin d'éviter l'infection. Tu as perdu beaucoup de sang. »

Je tentai d'apercevoir la plaie causée par la charge du félin, mais la tête me tourna et je m'écroulai sur le sable.

« Néfer s'occupera de toi. Malgré son âge, elle est experte dans l'art de la médecine. Entre ses mains, tu ne risques rien. Je vais te transporter jusqu'aux tentes. Mon char n'est pas loin. Je l'ai laissé à quelques pas de ce point d'eau quand j'ai repéré ma proie. »

L'homme me souleva alors d'une seule main, tenant de son bras libre la dépouille du carnassier. J'aperçus alors une flèche qui traversait de part en part la gorge de l'animal. Grâce à l'habileté de ce chasseur, j'avais échappé à la mort de justesse.

Les enjambées de mon sauveur provoquaient des secousses qui ravivaient la douleur. Je serrai les dents pour éviter de geindre. Pas question de passer pour une mauviette. Enfin, c'était plus facile à dire qu'à faire et je ne pus réprimer une plainte lorsque l'homme me déposa sur le sable. Fort heureusement, mon attention fut attirée par le moyen de transport luxueux qui stationnait devant moi. C'était un char magnifique, dont la caisse était recouverte de feuilles d'or gravées et colorées. Le métal étincelait sous les rayons du soleil. Il y en avait pour une fortune ! Un seul morceau du revêtement aurait suffi à payer la maison de leurs rêves à mes parents. Le personnage énigmatique à qui je devais la vie ne partageait pas mon émerveillement. Il jeta l'animal sur son véhicule sans se soucier du sang qui ne manquerait pas de souiller un tel trésor. Puis, dénouant les rênes de cuir, il les fit claquer sur le dos de l'étalon noir comme jais attelé à l'engin. Le cheval renâcla, mais, reconnaissant la poigne de son maître, il se contenta de faire demi-tour, docilement.

« Grimpe », ordonna le conducteur qui s'était installé sur le plateau du char. Je me redressai avec difficulté, empoignai le bras tendu et posai le pied sur les lanières de cuir tressées qui composaient un plancher branlant.

« Tu ferais mieux de t'asseoir, Pourfendeur ne connaît que le galop. »

Je ne me fis pas prier et grand bien m'en prit. À peine eus-je posé mes fesses que le char bondit, s'extirpant du sable comme pour s'envoler. Je glissai inexorablement vers le rebord. Mordre la poussière à cette allure équivalait à se lancer d'un avion sans parachute. Mon instinct de survie fut alors décuplé car, malgré ma blessure, et sans avoir vraiment conscience de ce que je faisais, je m'accrochai à une sorte de tube fondu dans la masse du char. Le vent sifflait autour de nous, dérobant les cris d'encouragement prodigués par le conducteur. En équilibre, le buste tendu, celui-ci ne faisait plus qu'un avec son pur-sang, grisé par la chevauchée. Ce que j'avais pris pour un tube était en fait un vaste carquois où s'entassaient un arc, des flèches et trois lances de tailles différentes. Là encore, la richesse des armes me surprit. Mon sauveur était-il un soldat en rupture avec l'armée, un noble en mal de sensations fortes ou un vulgaire et dangereux brigand qui fuyait avec son butin ? De toute façon, mon sort dépendait de lui et je ne comptais pas me le mettre à dos en l'interrogeant. Le moment était d'ailleurs peu propice pour mener un interrogatoire. Je n'eus bientôt plus qu'une seule préoccupation : me cramponner.

Le trajet fut extrêmement long. Quand le char pila, j'avais les bras tout ankylosés et le visage couvert d'une croûte de poussière. Je voulus descendre du véhicule, mais ne parvins qu'à tituber pendant quelques mètres avant de choir lamentablement. Je me sentais dans le même état qu'après une séance de grand huit à la foire du Trône. J'allais ouvrir la bouche pour demander de l'aide quand tout se mit à tourner autour de moi. Les images se brouillaient devant mes yeux, le sol tanguait. Je me sentis plonger dans un précipice...

# 12

**J'IGNORE TOUT** de ce qui se passa ensuite. Je tombai dans un état comateux. La fièvre se déclara et s'intensifia rapidement. Je divaguais, emporté dans une sorte d'égarement où fantasmes et visions ne m'accordaient que de brefs instants de lucidité.

Ainsi me sembla-t-il voir Cassandra cernée par d'inquiétantes créatures à corps d'homme et à tête de chacal. Elles l'avaient couchée sur une pierre en cornaline après avoir emmailloté son corps dans un réseau de bandelettes. Ces monstres psalmodiaient des chants monotones tandis que circulait un couteau au manche d'ivoire ouvragé. Tout cela m'avait tout l'air d'un sacrifice, mais, comme je voulais intervenir, je réalisais que j'étais moi-même ligoté. L'arme se levait et l'un des officiants s'apprêtait à transpercer le cœur de mon amie !

Dans la scène suivante, mon père, hors de lui, m'attrapait par les cheveux. Il me chassait du foyer, criant ne plus vouloir entendre parler de moi tant était grande sa déception. Je cherchais le secours de ma mère, mais celle-ci demeurait invisible. Le poids du chagrin fondait alors sur moi quand je comprenais que j'étais responsable de sa disparition, sans pouvoir l'expliquer.

Les cauchemars s'interrompaient parfois pour laisser place au regard bienveillant du chasseur qui se penchait sur moi. Hélas, très vite, ses prunelles devenaient soupçonneuses, jusqu'à exprimer un indicible dégoût.

Toutefois, le pire résidait dans un épisode répétitif, véritable obsession de mon délire. J'avançais dans une salle obscure, à mi-chemin entre la grotte et le cachot d'une forteresse médiévale. Un sentiment de solitude extrême me tenaillait. Cette pièce était parcourue de froissements, de râles étouffés. L'espace semblait se dilater comme si j'accédais au cœur même de la nuit. L'air était visqueux, épais, tel un sirop. Chaque pas me coûtait, comme si on m'arrachait les entrailles. Pourtant cette souffrance n'avait rien de physique. Elle s'ancrait dans la certitude de mon échec. J'étais vaincu. Dans cette éternité de désespoir, je m'acheminais vers un châtiment aussi terrible qu'irrévocable. J'arrivais enfin au pied d'un escalier de marbre noir en haut duquel se dressait un trône aux dimensions monstrueuses. Le remords écrasait mes épaules. Et soudain l'horreur apparaissait. *Il* était là, en majesté, sûr de sa victoire et de sa toute-puissance. L'incarnation du mal absolu : Mordom Horpilleur, le nouveau maître des mondes. Je contemplais son corps où acier et chair fusionnaient. De larges plaques de métal rongeaient ses membres. Moitié homme, moitié robot, mon ennemi savourait son triomphe. Il écartait ses bras et je pouvais voir ses poignets cerclés de fines lames de rasoir nées de ses os. Pareillement, ses épaules étaient hérissées de pointes d'acier. L'envie de vomir me soulevait l'estomac. Je savais ce qu'avait préparé ce démon. Il allait m'étreindre, me serrer contre lui, m'empaler sur ses dards en un long baiser de mort. Comment mieux jouir de mon agonie ? Car nos esprits communiquaient étroitement. Je percevais la moindre de ses pensées, comme il lisait les miennes, s'amusant de ma terreur. À la seule différence qu'il était le plus fort. C'est lui qui dirigeait mes gestes, m'imposait de gravir les marches. J'étais un jouet, docile, pitoyable. Il m'ordonnait de redresser la tête et de plonger mes yeux dans les siens pour que je contemple son visage. Le comble de l'abomination ! La beauté surnageait dans une dévastation due à la gangrène métallique. Et c'était ce mélange qui foudroyait. Les yeux immenses semblaient dépourvus de vie. D'un bleu intense, presque outremer, ils auraient pu séduire l'univers si la froideur de la glace ne les avait figés. Ils évoquaient désormais ceux d'un reptile. Les veines couraient sous la peau nacrée, trahissant l'appartenance aux humains. Mais des plaques grises l'envahissaient, prix des dépravations et des crimes commis au fil des âges. C'était une lèpre dévorante, des croûtes qui pullulaient. De la joue droite jaillissait une épine acérée. Elle avait, en trouant la peau, distendu les traits de cette figure autrefois sublime. Tel était le prix à payer aux ténèbres : le naufrage de la perfection, de l'humanité. Si je n'avais subi la volonté de ce criminel, je me serais effondré. Mais il me conduisait, m'attirait vers lui. J'allais non seulement subir les tortures provoquées par les perforations, mais aussi sentir le venin du mal incendier mes veines. Et cette certitude m'épouvantait plus encore que la mort, car, l'espace d'un instant, je n'allais faire qu'un avec lui.

Heureusement le cauchemar s'interrompait. Je ne crois pas que j'aurais survécu à son achèvement.

Miraculeusement surgissait alors un visage angélique, murmurant des paroles d'apaisement. Mon ange prenait la forme d'une jeune fille un peu plus âgée que moi. Elle était pleine de sollicitude, tamponnait mon front baigné de sueur d'un linge humide et frais. Et ses yeux, brillants de tendresse, estompaient mon effroi.

Ma température chuta et je finis par recouvrer mes esprits. Mais j'étais brisé et de longues heures de sommeil me furent nécessaires avant d'émerger dans la réalité.

Un matin, alors que j'entrouvrais les paupières, je remarquai une forme qui s'activait autour de mon lit. Une adolescente allait et venait, transportant des fioles remplies de mixtures multicolores. J'observai ses gestes précautionneux jusqu'à ce qu'un grognement échappé de ma gorge la fasse sursauter. Elle déposa le flacon qu'elle avait débouché et se retourna vers moi. Quelle ne fut pas ma surprise ! C'était l'ange de mes rêves, celui qui éloignait les ombres maléfiques.

« Vie, force et santé, dit-elle en s'inclinant sur moi. Ou plutôt bonjour, comme on dit chez toi. Tu es guéri, mais il va te falloir du repos. Nous parlerons plus longuement cette après-midi. Tooloo m'a raconté l'essentiel et je ne t'ai pas trahi auprès d'Horemheb. Ton compagnon te rendra visite plus tard. Il a trouvé refuge sous ma tente. Pour l'instant tu vas boire cette décoction de pavot. »

Tout en parlant, elle était allée prendre un gobelet sur une table. Elle souleva ma nuque et porta le récipient à mes lèvres. Un breuvage amer m'emplit la bouche.

« Je m'appelle Néfer », précisa-t-elle en souriant.

Au doux son de son nom je me rendormis.

C'est ainsi que je trouvai une amie sur la terre d'Égypte.

Dès mon admission à l'hôpital ambulant, Tooloo, qui avait suivi le char de mon sauveur, s'était faufilé à mon chevet, se dissimulant sous mon lit à l'approche de tout étranger. Depuis ce poste d'observation, il avait épié la jeune fille. Quand il avait été sûr de ses intentions, il s'était démasqué. « Entreprise hardie, fanfaronna-t-il. Une gamine avec un peu moins d'ouverture d'esprit aurait appelé au secours. Par chance, je possède un jugement infaillible. J'ai tout de suite senti à qui j'avais affaire, elle n'allait pas s'émouvoir pour quelques broutilles.

– Qu'est-ce que tu qualifies de broutilles ? Le fait que tu sois doué de parole ou l'arrivée en Égypte d'un adolescent venu du futur ? »

Mon aiglon perdit de sa superbe et bredouilla une réponse inaudible.

« J'aimerais bien que tu retrouves ton courage naturel et que tu me dises la vérité. Je serais désolé de l'apprendre de la bouche de Néfer... »

Tooloo rétracta ses ailes, proféra un léger gargouillis avant de poursuivre : « D'accord. Je me suis fait pincer. J'étais très discret, mais cette fille n'est pas nette. Si tu veux mon avis, elle est un peu sorcière. Sinon elle ne m'aurait pas dégoté aussi aisément. J'ai jugé plus judicieux de ne rien lui cacher. Qui sait si elle ne m'aurait pas transformé en plumeau pour se venger ! »

Je n'eus aucune difficulté à interpréter le langage de mon volatile. Découvert à l'improviste, il avait cédé à la panique et avait tout dévoilé sans réfléchir aux conséquences. Comme je l'appris plus tard de la bouche même de Néfer, les Égyptiens étaient un peuple superstitieux qui croyait à la présence des dieux et aux manifestations du surnaturel. Sa première réaction aux propos décousus et incohérents de Tooloo avait été la peur. Puis elle avait réalisé qu'il lui était permis de rencontrer une émanation du divin en ma personne et en celle de mon animal de compagnie. J'eus beau nier, elle ne démordit pas de cette conviction. C'était faux et absurde, mais la version authentique l'était tout autant pour elle, si bien que je renonçai à la convaincre. L'essentiel était qu'elle nous ait protégés. Une fois encore, la chance avait souri à mon aiglon.

Néfer avait quatorze ans. De magnifiques cheveux roux encadraient son visage aux lèvres pleines et aux yeux en amande d'un vert pailleté d'or. Plutôt petite de taille, elle intriguait d'abord par son aspect fragile. D'une grâce extrême, on eût dit quelque princesse préservée dans le cocon d'un palais. Pourtant, je la vis participer à l'âpre vie des soldats et veiller auprès des malades bien après que le camp s'était abandonné au sommeil. Elle se levait dès les premières lueurs de l'aube pour prodiguer ses soins aux patients puis elle dirigeait le nettoyage de l'infirmerie. Malgré la douceur de sa voix, personne ne contestait ses ordres. Elle s'était attiré le respect de tous par l'étendue de son savoir. Les adultes qui la consultaient fronçaient les sourcils pour retenir chacun de ses conseils et ne songeaient pas une minute à remettre en cause ses décisions. Cette attitude m'étonna jusqu'au jour où je la surpris en train d'immobiliser un serpent avec un bâton, saisir la tête du reptile entre ses doigts menus et le contraindre à cracher son venin dans une coupe d'albâtre. Elle avait procédé sans trembler, alors que le moindre faux mouvement aurait pu provoquer une morsure fatale. Elle m'expliqua qu'elle obtenait ainsi un précieux remède, très efficace pour traiter un des archers de la troupe qui risquait de périr. Plus tard, elle me confia aussi comment elle avait désinfecté mes blessures en y appliquant une pommade à base d'excréments de chauve-souris et des compresses de viande crue. Devant mes grimaces, elle éclata de rire : « Ne joue pas les délicats. N'es-tu pas en pleine forme ? Les fientes de chauve-souris contiennent des substances curatives naturelles. N'importe quel débutant sait cela. » Je cachai mon dégoût. Après tout, j'étais remis et ce n'était plus le moment de faire la fine bouche. L'après-midi, Néfer s'enfermait dans la pharmacie où elle rangeait les produits, dressait la liste des substances à renouveler, concoctait diverses mixtures de premiers secours. Puis les consultations la retenaient jusqu'au repas du soir. Enfin, elle regagnait sa tente pour lire de savants grimoires et augmenter ses connaissances. Son existence entière était tournée vers un seul but : devenir médecin. Quand je lui fis remarquer qu'elle méritait sans doute déjà ce titre, je la vis se renfrogner. « Je dois passer mon diplôme à la Maison de la Vie. Les examens sont très difficiles. Si j'échoue, je n'aurai pas le droit d'exercer. Comme je n'ai pas suivi l'enseignement de cette école, je sais que les professeurs seront plus exigeants avec moi lors des épreuves. C'est pourquoi j'étudie sans relâche. » J'avais, pour ma part, bien du mal à imaginer qu'on puisse recaler une telle bosseuse ! Avec un millième de ses connaissances j'aurais déjà obtenu mon baccalauréat. Pendant nos entretiens j'appris aussi son histoire et qui était Horemheb, le chasseur qui m'avait sauvé. Ce n'était ni un aventurier ni un brigand comme je l'avais pensé lors de notre rencontre, mais le plus fameux général d'Égypte. Il avait sauvé son pays de l'invasion ennemie et avait même failli accéder au titre suprême de pharaon. En effet, il y avait quatre ans de cela, le jeune roi était mort, sans descendance. Horemheb, en tant que chef des armées, avait toutes les chances de lui succéder. Cependant c'était le vieil Ay qui était monté sur le trône. Le général, quant à lui, avait dû lutter contre les troupes étrangères qui menaçaient les frontières. Avant son départ du palais, il s'était pris d'affection pour Néfer. Elle n'était alors qu'une enfant de dix ans. Sa mère, médecin privé du pharaon, avait succombé à une fulgurante maladie quelques jours seulement après le souverain. Orpheline, sans ressources ni protecteur, la petite fille s'était attachée au guerrier qui l'avait prise sous son aile. Depuis, comme un père, il avait subvenu à tous ses besoins et l'avait encouragée dans sa vocation. « Je me souviens du talent de ma mère. Je restais près d'elle lorsqu'elle opérait, me raconta Néfer avec un émerveillement teinté de tristesse. Je l'ai vue décider d'une trépanation alors que tous les autres praticiens se désintéressaient du malheureux agonisant.

– Une quoi ?

– Une trépanation. C'est une opération très délicate. Il faut ouvrir le crâne du malade, nettoyer le caillot de sang sans endommager le cerveau. Le plus souvent le patient périt. L'homme que ma mère a soigné était un ouvrier du palais. Il était tombé d'un échafaudage. Nul ne voulait se charger de son cas. Il était de condition trop modeste. Un échec pouvait nuire à la réputation du chirurgien. Mais un véritable médecin ne s'occupe pas du rang de son malade. Il doit préserver la vie à tout prix. C'est la raison qui poussa ma mère à intervenir. Le maçon fut sur pied en quelques semaines. Et Pharaon récompensa ma famille. C'est ainsi que ma mère fut nommée médecin du Dieu vivant, Toutankhamon. »

Je sursautai à la révélation de ce nom. Le discours de M. Focil me revint en mémoire. Notre professeur avait émis deux hypothèses sur le décès du souverain : assassinat ou grave maladie. J'avais peut-être l'opportunité de résoudre ce mystère ?

« Ta mère n'a pu traiter l'affection qui emporta le roi ?

– La médecine a ses limites, répondit Néfer. Mais les capacités de ma mère n'ont rien à voir là-dedans. Toutankhamon a reçu un coup violent à la nuque lors d'une partie de chasse. Quand on ramena son corps au palais, il était trop tard. Même une trépanation était inutile. »

Je méditai ces paroles. M. Focil s'était-il trompé ? Ou le meurtre avait-il été maquillé en accident ? Mieux valait ne pas affoler Néfer en lui faisant part de mes interrogations. Tout compte fait, c'était une histoire vieille de quatre ans et plus personne ne devait s'y intéresser aujourd'hui. Les criminels – si criminels il y avait – s'arrangeraient avec leur conscience. L'Égypte possédait un nouveau monarque et le mystère resterait insondable pour les siècles à venir.

# 13

**En dehors des moments** passés avec la jeune fille, je me promenais dans le camp accompagné de Tooloo.

Nous nous dirigions vers Thèbes. Toutefois Horemheb ne semblait pas vouloir rallier la capitale rapidement car notre convoi faisait de fréquentes et longues haltes. Chaque fois, il fallait monter les tentes, le parc des chevaux et l'enclos du bétail. Bien que fort éloigné des frontières, le général exigeait aussi de ses hommes qu'ils élèvent une clôture de boucliers comme s'il redoutait une attaque. Dès l'arrêt de la colonne, les tâches étaient réparties : pendant que les archers aménageaient la protection du campement, le régiment des chars s'occupait des bêtes et les fantassins des quartiers d'habitation. Hormis les dortoirs, ils veillaient aussi à l'édification de la boulangerie, des cuisines, de l'hôpital et de sa pharmacie, ainsi que de la forge et de l'armurerie.

Une ville aux dimensions réduites prenait forme sous mes yeux.

L'armée étant composée en majeure partie de mercenaires étrangers, des bagarres éclataient parfois entre soldats de différentes origines. Mais ces conflits étaient étouffés dans l'œuf. Le général ne tolérait aucun manquement à la discipline. Tout fautif était sur-le-champ bastonné. Aussi l'ordre régnait-il dans l'enceinte du campement. J'appris à distinguer les Syriens, porteurs de lances et de glaives recourbés, des Libyens, armés d'arcs et de lourdes haches au tranchant arrondi. Les Nubiens à la peau noire arboraient des boucliers chamarrés. Seuls quelques Égyptiens se pavanaient avec des chemises de combat, sortes de cuirasses constituées d'étoffe recouverte d'écailles de bronze. Mais, le plus souvent, les guerriers n'avaient pour tout vêtement qu'un pagne court n'entravant pas le mouvement et facilitant la course.

Je souffrais encore de la chaleur, ce qui m'obligeait à me mettre à l'abri lors des heures les plus chaudes de la journée. La teinte cuivrée de ma peau n'était qu'un camouflage et je redoutais les morsures du soleil. Grâce à l'amitié que me portait Néfer, j'étais accueilli avec bienveillance, même si la présence de Tooloo à mes côtés inspirait la méfiance chez ces hommes frustes. Les Égyptiens ne connaissaient pas les aigles. Mon compagnon faisait figure d'animal exotique, un peu fabuleux. Il m'avait promis de ne pas ouvrir le bec. J'avais d'abord craint son étourderie, mais je m'aperçus très vite que la promiscuité d'hommes en armes le tétanisait. Il ne quittait pas mon épaule et resserrait l'emprise de ses serres dès que l'un d'eux s'approchait de trop près. Chacun s'observait, intrigué et effrayé à la fois. Heureusement l'atmosphère se détendit bientôt et la plupart des soldats profitèrent de ces périodes d'inactivité pour faire la sieste, échanger des souvenirs héroïques ou s'exercer à la lutte.

« Quelle existence déprimante ! estima Tooloo un soir, avant de se blottir sous mon lit. Pas de famille ni de maison, toujours courbé sous le barda, à la merci d'un mauvais coup... »

Il secoua soudain son plumage avec nervosité.

« Que se passe-t-il ? m'inquiétai-je.

– C'est juste que je viens de réaliser combien nous leur ressemblons ! »

La tristesse me submergea à cette remarque. Moi aussi j'avais engagé un combat, j'avais tourné le dos aux miens. Si j'échouais, je demeurerais sur les bords du Nil. J'aurais des amis, mais les amis pouvaient-ils remplacer mes parents ? L'amour d'un foyer ? La perspective d'une existence solitaire, dépourvue de racines, me bouleversa. Jamais personne pour m'ouvrir les bras et me protéger... Mon isolement me pesait. J'avais envie de pleurer et pourtant mes larmes étaient vaines. Je regrettai presque d'avoir désobéi. Mais il était trop tard. Les dés étaient jetés. Vaille que vaille, il faudrait s'accommoder de mon destin.

Une après-midi, alors que j'errais parmi les tentes, cherchant à tromper ma mélancolie, un gradé m'arrêta : « Le général vous attend. »

Le ton cassant et le vouvoiement me surprirent. Je n'avais pas revu Horemheb depuis ma convalescence, sinon de manière fugace, lorsqu'il conduisait la colonne durant nos déplacements. Il avait fière allure sur son char étincelant. Un singulier pendentif ornait sa poitrine : trois mouches que reliait un lourd collier d'or. Néfer m'avait expliqué que ce bijou était un symbole de vaillance. Cette récompense, obtenue pour bons et loyaux services des mains du pharaon, suscitait l'admiration de la troupe. Peu d'hommes dans l'histoire de l'Égypte avaient reçu une telle décoration. Le bâton de commandement au poing, Horemheb inspectait ses régiments avec l'œil d'un père autoritaire. Les soldats redressaient l'échine à son passage, comme s'ils avaient voulu se montrer dignes de leur chef. Ils n'agissaient pas simplement par habitude ou par peur de la réprimande. Le général avait su gagner leur estime.

Pendant nos haltes, mon sauveur demeurait cloîtré. De trop lourdes responsabilités l'accaparaient pour qu'il se souciât de ma personne. Je ne pensais pas le revoir et le déranger aurait été très présomptueux, malgré mon désir de lui exprimer ma reconnaissance. J'allais enfin en avoir l'occasion.

Sachant à qui j'avais affaire, j'étais maintenant beaucoup plus intimidé. J'écartai le pan de toile qui marquait l'entrée des quartiers privés du général. Le pincement au cœur que j'éprouvai me rappela celui qui m'assaillait lors de mes convocations au bureau du principal.

Horemheb se tenait derrière une table couverte de rouleaux de papyrus, seul mobilier en dehors d'un lit pliant et de quelques coffres. Ce dépouillement tranchait avec l'éclat qui entourait les apparitions publiques du chef des armées. Je m'inclinai, en veillant à ce que Tooloo, qui s'était perché sur mon épaule, ne glisse pas.

« Approche », ordonna le militaire. Il leva les yeux de ses documents. « Te voilà d'attaque. Néfer fait des miracles. Sa science dans l'*art nécessaire* dépasse de beaucoup celle des vieilles têtes chauves auxquelles elle va devoir se confronter. »

Mon air confus provoqua un sourire chez mon interlocuteur : « Je veux parler de la médecine. J'avais oublié que tu étais étranger. Chez nous, les étudiants sont recrutés par les prêtres de la Maison de la Vie. Ces derniers se chargent de l'enseignement. Ce sont eux aussi qui délivrent les diplômes. Je doute fort qu'ils apprécient les compétences de ma protégée. Ils vont vouloir lui faire payer le fait qu'ils ne l'aient pas formée. La chère petite risque d'être cruellement déçue. Si elle ne devient pas médecin, sa vie sera gâchée. J'ignore si je serai en mesure de favoriser sa nomination. »

Il s'interrompit, la mine grave. Des rides barraient son front et ses sourcils formaient deux accents circonflexes au-dessus de ses yeux. Il s'abîma dans sa rêverie. Quelle attitude adopter ? N'osant pas me racler la gorge, je dessinai des vagues dans le sable du bout de mon orteil. Son regard me transperça soudain.

« Les dieux t'ont placé sur ma route. »

J'avais instantanément trouvé l'immobilité d'un poteau. Soutenir l'attention du guerrier relevait de l'exploit. Je me sentais aussi chétif qu'un ver de terre.

« Dès que nous serons arrivés à Thèbes, j'aurai besoin de ton soutien, affirma-t-il. Néfer sait être discrète. Elle n'a pas voulu me dire ce qu'elle avait appris sur ton compte. Elle a juste précisé que nous pouvions avoir confiance. Je la connais trop pour ne pas remarquer combien ta venue l'a impressionnée. Qui que tu sois, tu n'es pas un garçon ordinaire. »

Horemheb plaqua ses deux mains sur ses hanches. Une expression amusée s'inscrivit sur son visage.

« Malgré ton apparence, tu n'appartiens pas à mon peuple », dit-il.

J'allais rétorquer, quitte à prononcer le plus grand mensonge qui soit, mais le général ne m'en donna pas le temps : « Ne nie pas maintenant, tu ne m'as pas contredit quand je t'ai appelé "étranger" il y a un instant. » Le ton était moqueur et le regard bienveillant. J'étais tombé dans le piège de cet individu hors du commun.

« Chacun est libre de conserver ses secrets, je ne te forcerai pas à parler, reprit-il, ses prunelles rivées aux miennes. Toutefois, je préfère t'avertir. Les semaines qui s'annoncent vont être décisives pour l'Égypte. Je t'ai sauvé la vie et je n'exige rien en retour. À toi de juger si tu veux ou non nous aider. »

Foi de Tom Cox, je ne m'attendais pas à un tel discours. J'étais plutôt mal à l'aise. Les sous-entendus d'un gaillard de la trempe d'Horemheb m'inquiétaient. Il n'était pas homme à parler dans le vide. Qu'avait-il découvert ? Avait-il deviné ma nature de sorcier ? Et qu'attendait-il lorsqu'il réclamait ma participation ? La bouche sèche, j'espérais que la suite de ses propos ne m'engagerait pas dans une intrigue tortueuse. J'avais suffisamment de problèmes personnels sans m'encombrer en plus de ceux d'autrui. En franchissant la deuxième Porte, j'avais peut-être présumé de mes forces.

Horemheb s'accorda une pause. Tooloo s'était raidi. Ses serres pinçaient mes muscles. Je l'entendis gémir contre mon oreille. Visiblement le général ne le laissait pas indifférent. Je priai pour que mon compagnon n'extériorise pas sa peur au moyen d'un juron bien senti.

« Ay, le pharaon, est mourant, reprit le général en baissant la voix. Ce sont du moins les nouvelles que m'ont fournies mes alliés à la cour. Il faut que je m'empare du trône et que je sauve l'Égypte du chaos. »

Ses doigts froissèrent un papyrus machinalement. J'eus l'impression qu'il pouvait broyer n'importe quel ennemi aussi facilement.

« Le royaume me revient ! tonna-t-il avec une rage non contenue. À la mort de Toutankhamon j'aurais dû succéder au fils de Rê. Le jeune roi n'avait pas d'héritier direct. Hélas, cette canaille de Ay m'a coupé l'herbe sous le pied. C'est un serpent qui sait déployer ses ruses. Il a usé de sa place de conseiller du souverain pour se hisser au pouvoir. S'il n'avait pas eu besoin de moi pour sauvegarder les frontières que menaçaient nos ennemis, j'aurais péri dans une embuscade organisée par ses soins. J'ai préféré quitter la capitale et accomplir mon devoir dans ces territoires reculés. »

Horemheb avait contourné la table. Il martelait le sol de ses sandales, soulevant des gerbes de poussière.

« Aujourd'hui, mon heure a sonné. Si je ne suis pas présent quand on nommera le prochain souverain, un partisan de Ay l'emportera et le pays sera encore livré à des fourbes. »

Son poing s'abattit sur la table. Je sursautai et Tooloo émit un curieux grincement. Des papyrus roulèrent le long du plateau de bois avant de basculer dans le vide. Le général ne les remarqua pas. Il reprit ses allées et venues, piétinant les feuilles. Brusquement, il se figea et un éclat de rire tonitruant jaillit de sa poitrine : « Je me charge de ces traîtres. Quoi qu'ils manigancent, je suis de taille à me défendre. »

Je voyais ses biceps saillir sous la peau mate de ses bras. Cela me fit penser au jour où mes parents m'avaient amené au cirque. J'étais tombé en admiration devant un forain qui cassait des chaînes à la seule force de son torse. Ce colosse avait l'air d'une mauviette en comparaison d'Horemheb.

« Mes soldats donneraient leur vie pour moi, poursuivit le général un peu calmé. C'est sans doute la raison pour laquelle nous n'avons pas été attaqués jusqu'ici. De toute façon, j'ai pris mes précautions. Notre campement est imprenable. La situation sera différente à Thèbes. C'est pourquoi nous ne devons pas y arriver trop tôt. Dans la cité, il sera plus facile de m'agresser. Je ne peux pas me déplacer entouré d'un bataillon. Le peuple n'aimerait pas que son futur pharaon se barricade derrière des haies de guerriers. Les Égyptiens possèdent un caractère paisible. Toute démonstration de force les révolterait. Ay le sait. À cette heure, et malgré le peu de temps qui lui reste, il complote pour me perdre. Car seule la haine nous unit. »

Horemheb balaya ces sombres présages d'un geste de la main. De sa démarche souple, il s'avança vers moi. Je ne pus réprimer un frisson. Tooloo, quant à lui, se pencha dangereusement en arrière. Le visage du militaire n'était plus qu'à une dizaine de centimètres du mien. Il plissa les paupières et murmura : « Pourtant je suis vulnérable. Ti, l'épouse de Ay, s'adonne à la sorcellerie. Elle s'entoure de magiciens venus d'Afrique. Ils concoctent des philtres et des envoûtements. Dans les entrailles du palais, chaque soir, elle va les rejoindre et conçoit mille sortilèges qui rongent ses ennemis. Le peuple murmure qu'ils savent faire fondre les os d'un homme vivant et d'autres maléfices encore plus terribles. Chaque matin, le Nil apporte sa moisson de corps d'esclaves affreusement mutilés. Les crocodiles engraissent aux abords du palais. »

Ces mots chuchotés hérissèrent mes cheveux. Je n'avais plus qu'une envie : prendre mes jambes à mon cou, quitte à traverser le désert. Hélas, mes membres refusaient d'obéir.

« Si tu veux bien te battre et t'opposer à eux, ma victoire est certaine, siffla Horemheb entre ses lèvres fermées. Choisis en ton âme et conscience.

– A vos ordres ! brailla Tooloo submergé par la peur. Comptez sur nous ! C'est comme si c'était fait ! Mon maître va réduire en miettes tous ces démons. Il peut les transformer en pierre ou en descente de lit, les propulser sur la Lune ou n'importe quelle planète de votre choix... »

Si l'intervention de Tooloo l'avait surpris, Horemheb n'en laissa rien paraître. Il se contenta de sourire. En tout cas, il était trop tard pour prétendre n'avoir aucun lien avec la magie. Se promener avec un oiseau capable de tenir une conversation n'est pas très fréquent chez les gens dits normaux.

« Tu bénéficies d'un précieux auxiliaire ! approuva le général ravi. Ton animal me plaît. J'aime les braves. »

Je restai bouche bée. Impossible de démentir les divagations de Tooloo. Le volatile avait craqué. Il haletait, encore secoué par le flot de la panique. Malheureusement, Horemheb avait pris ce délire pour argent comptant...

L'entretien était terminé. Il ne me restait qu'à retourner sous ma tente en maudissant mon compagnon. J'esquissai un salut et déguerpis.

Comment expliquer à Horemheb que je ne possédais pas la puissance qu'il imaginait ? Il interpréterait désormais mon incapacité à agir comme un refus de l'aider. Tom contre une clique de sorciers ! J'étais sûr de sortir de ce pays les pieds devant. Au même instant je pensai à Néfer. Horemheb m'avait bien fait comprendre que les espoirs de la jeune fille risquaient d'être déçus. L'opinion que Néfer avait de moi pesait bien sûr dans la balance. Tout autant que la dette qui me liait au général. Mais de là à provoquer un commando de sorciers !

Je ne proférai aucun son durant les heures qui suivirent. Une chape de plomb écrasait mes épaules. Même l'air qui emplissait mes poumons semblait s'être raréfié. Tooloo s'activait autour de moi, contrit. Il osa enfin s'exprimer : « Je suis désolé. Je ne sais pas ce qui m'est passé par la tête mais il fallait que ça sorte. D'ailleurs tu n'es pas aussi nul que tu le penses. Avec un peu de chance... »

Je le foudroyai du regard, ce qui mit un terme à ses excuses.

Ce n'est que plus tard dans la nuit que je parvins à articuler une phrase : « La maison me manque... »

C'était tout ce que j'étais capable de dire. Mais Tooloo n'avait pas besoin de longs commentaires pour comprendre mon désarroi.

« Eh bien ! en dépit de ma métamorphose en jouet de plastique totalement ridicule chaque fois que tu regagnes ton foyer, avoua mon aiglon, je me demande si la demeure de tante Anna n'offre pas une sécurité appréciable. » Puis, avec une mauvaise foi criante, il ajouta : « Je me demande aussi si partager tes aventures est un réel plaisir. Évidemment, il faut reconnaître que tu as un don.

– Lequel ?

– Celui d'attirer les catastrophes. »

C'en était trop ! Tooloo dépassait les bornes. Je m'enfonçai sous les draps. Encore une réplique de ce genre et je ne me contiendrais plus. Tout mon fluide se dirigerait contre cet animal de malheur. Il verrait alors de quelle catastrophe j'étais capable !

# 14

**Je n'eus ni le temps** de me morfondre ni celui de laisser éclater ma colère. Le lendemain matin, un char rejoignit notre campement, porteur d'un message. À Thèbes, les événements se précipitaient. Ay venait de subir une nouvelle attaque de la maladie. Son état s'était aggravé, il ne survivrait pas plus de quelques jours. Horemheb ordonna un départ immédiat.

Je m'installai avec Néfer sur un chariot pour la dernière partie de notre voyage. La jeune fille guidait les bœufs. Ils étaient en tout point semblables à ceux de nos campagnes, si ce n'est la longue paire de cornes qui ornait leur front.

« Quand ils sont jeunes, les éleveurs liment ces appendices et les modèlent ensuite selon la forme qu'ils souhaitent obtenir, dit-elle en réponse à mes questions. Ces bêtes viennent des provinces du nord. Elles n'ont pas subi ce traitement. Tu verras, dans les champs qui bordent Thèbes, que certaines possèdent une corne pointée vers le ciel et l'autre recourbée jusqu'aux naseaux. »

Le paysage changeait. Des collines de plus en plus hautes se découpaient à l'horizon. Ce qui ne variait pas, c'était l'intensité du soleil. Au bout d'une heure de route, je dégoulinais littéralement. Comme nous étions à découvert, je me mis à craindre les coups de soleil. Puisque ma camarade était au courant de mes dons, je n'hésitai pas à faire apparaître un tube d'écran total. La chaleur ne nuisait plus à ma concentration et je n'avais pas à surveiller le bruit du sortilège, tante Anna ayant précisé que le choc sonore dû aux incantations n'existait plus au-delà des Portes. La joie d'utiliser la magie m'inonda. J'étais comme un sportif qui reprend l'entraînement après un repos forcé. Le processus des enchantements étant un peu rouillé, je n'agis pas avec ma dextérité habituelle. Mais c'était un véritable bonheur que de sentir le flot d'énergie circuler dans mon corps. Fier de mon talent, j'exhibai le cylindre de plastique. Néfer écarquilla les yeux : « Quelle est cette matière ? Je n'ai jamais rien vu de pareil. » Je lui tendis le produit. Elle le pressa et le renifla. J'éclatai de rire : « Ça ne sent rien ! C'est juste un emballage.

– Quelle légèreté ! s'extasia la jeune fille. En plus, ça a l'air incassable. Ce serait drôlement pratique pour transporter mes médicaments. Où trouve-t-on ces objets ? »

Il me fallut lui expliquer que le plastique n'était pas un produit naturel, que nous devions le fabriquer et que cela nécessitait des techniques encore inconnues à son époque. Elle eut l'air déçue, mais changea de sujet pour me demander si le contenu était dangereux. Je souris et dévissai le bouchon. Mon amie eut un mouvement de recul : « Tu es certain de contrôler le génie ? »

Je pouffai encore. Cette fille si intelligente me prenait pour une sorte d'Aladin, avec sa lampe merveilleuse. Je pressai le tube et me badigeonnai de crème solaire.

Néfer attendait toujours, inquiète.

« Maintenant, je ne risque plus rien, conclus-je.

– Ce baume rend invincible !

– Non, m'esclaffai-je. Il protège seulement des brûlures du soleil. Je n'ai pas votre résistance. Si je veux éviter les cloques, je vais devoir me tartiner régulièrement.

– Nous sommes très différents, estima Néfer. La différence engendre souvent la peur. Quand j'ai commencé à partager la vie d'Horemheb, j'étais rebutée par son attitude. Je n'étais qu'une petite fille ivre de chagrin, anéantie par la perte de sa mère. Je ne comprenais pas pourquoi ce géant un peu brutal avait choisi de veiller sur moi. Il paraissait incapable de m'apporter les caresses et les attentions dont j'avais été comblée. Chaque soir, je pleurais jusqu'à ce que les yeux me brûlent et que le sommeil me fauche. Un jour, j'ai rassemblé mes affaires. Elles tenaient dans un baluchon. Je suis partie au hasard, suivant la première piste venue. Je me disais que personne ne remarquerait mon départ et que je soulagerais le général d'un fardeau. » Une curieuse expression figea les traits de la jeune fille. « Il n'a pas été long à me rattraper. Je crus qu'il allait me battre à cause de cette fugue, m'accuser d'ingratitude. Il a stoppé son char dans un grand nuage de poussière, s'est avancé vers moi. Je l'avais vu châtier un soldat, sans une once de pitié. Mais non, il s'est accroupi devant moi, m'a serrée dans ses bras et m'a demandé pardon. Je ne sais pas pourquoi. Peut-être parce qu'il n'avait pas montré son amour, cet amour dont j'avais tant besoin. En tout cas, quand il a relâché son étreinte, son visage était baigné de larmes. J'ai réalisé combien je m'étais méprise. Alors j'ai glissé ma petite main dans la sienne et nous sommes rentrés au campement. Nous n'avons jamais reparlé de ce jour, mais j'avais lu dans son cœur et j'y avais ma place. Je t'ai raconté cela pour te prouver qu'il faut se méfier des premières impressions. Le cœur ne se déchiffre pas d'un simple coup d'œil. J'étais à deux doigts de répéter cette erreur avec toi. Je te promets de ne plus te soupçonner du pire. Enfin, je vais essayer.

– Nous essaierons tous les deux. Tu sais, je suis aussi déboussolé que toi par tout ce qui m'entoure.

– Un médecin digne de ce nom doit conserver un esprit ouvert. La science a progressé grâce aux découvertes d'hommes inventifs qui ne se contentaient pas des faits établis. Tom, tu veux bien m'apprendre une partie de ce que tu connais ?

– O.K. ! Mais je ne mérite pas le titre de savant. Dans mon monde, je ne suis qu'un simple écolier dont le savoir est très limité.

– Parle-moi des médecins de ton pays.

– Oh là là ! Sans doute sont-ils très utiles, mais je préfère me passer d'eux. Je déteste les piqûres.

– Les médecins de chez toi sont comme les abeilles ? »

La comparaison me fit glousser. Le vieux Raptopoulos qui soignait ma famille n'avait rien de la joliesse d'un insecte volant. Son estomac débordait de son pantalon et, quand il s'asseyait, sa panse lui couvrait la moitié des cuisses. Dire qu'il prescrivait des régimes ! Je chassai l'image pathétique du docteur et tâchai de décrire les piqûres et leur fonction à ma camarade. Une grimace d'horreur tordit ses lèvres.

« Quelle barbarie ! Une pointe d'acier qui pénètre sous la chair... Je crois que je préfère nos méthodes. »

J'avais peut-être un peu forcé le trait. De toute façon, Néfer s'en tirait remarquablement et il valait mieux éviter cette expérience aux enfants égyptiens.

Nous bavardâmes longtemps. J'en oubliai toute trace de chagrin. J'étais même parfaitement heureux. Comme Néfer est belle, me surpris-je à songer. Ses cheveux roux foncé cascadaient sur ses épaules nues. Ses yeux verts irradiaient.

« Tes cheveux sont magnifiques, dis-je. Je croyais que les gens de ton peuple étaient tous bruns. »

Un picotement gagna tout mon corps et le feu me monta aux joues. C'était la première fois que je m'adressais ainsi à une fille. Bien sûr j'avais des copines, et j'avais même eu une ou deux fiancées au cours de ma scolarité. Nous nous embrassions en cachette et nous échangions des petits mots à l'insu des professeurs. Mais si je faisais attention au physique de mes camarades, c'était pour les mettre en boîte. Aïe ! Est-ce que je n'étais pas en train de vraiment tomber amoureux ?

J'avais l'impression d'être assis sur une fourmilière. Je n'osais plus regarder Néfer de peur qu'elle ne constate un changement dans mon attitude. J'étais confus, incapable de parler. Je me sentais gauche et stupide. Forcément, la jeune fille comprendrait ce qui s'était produit. Et j'avais la conviction qu'elle refuserait alors de me fréquenter.

« Ici, répondait Néfer inconsciente de mon émoi, la couleur rouge est maudite. Pour les gens superstitieux, les roux appartiennent à Seth, le dieu du mal. Il règne sur le désert que nous appelons la Terre rouge. Mais je prends ta remarque comme un compliment. »

Elle se tourna vers moi, radieuse. Je faillis perdre l'équilibre et dégringoler du chariot. Je baissai la tête, écarlate comme un adepte du dieu Seth, et le soleil n'avait rien à voir avec ce phénomène.

« Alors là, c'est le top ! » Tooloo se tenait le poitrail du bout de ses ailes pour ne pas suffoquer de rire. Je n'avais pas fini d'entendre ses commentaires.

Nous arrivâmes à Thèbes, la Ville aux cent portes, dans la soirée. Quel soulagement ! J'avais été coincé toute la journée sous les œillades railleuses de mon aiglon. Néfer avait noté mon changement. De loquace j'étais devenu muet. Et je me tortillais au moindre de ses regards. Bref, je m'étais comporté comme un parfait crétin.

Nous abandonnâmes la troupe aux abords de la ville et, en petit convoi, rejoignîmes la propriété d'Horemheb. J'étais encore trop troublé pour observer la capitale. Je ne retrouvai ma présence d'esprit qu'une fois parvenu dans le parc de la villa.

Néfer s'éclipsa pour aider au déchargement de la pharmacie et sa disparition m'apporta un réel soulagement. Je pus admirer la maison à mon aise.

La bâtisse, peinte en blanc, s'élevait sur deux étages. Les murs du rez-de-chaussée avaient été construits en brique et crépi, alors que ceux des étages étaient en bois. De larges fenêtres perçaient la façade, fermées par des rideaux bleus. Des artistes avaient décoré les encadrements de feuilles de vigne émeraude et de grappes de raisin violettes. Face à moi, une porte massive à deux battants permettait de pénétrer à l'intérieur. J'étais subjugué par le charme du lieu qui respirait le calme et le raffinement. Tout autour, le parc étouffait les bruits de la cité. Nous nous serions crus en pleine campagne. Une campagne verdoyante et fleurie presque inconcevable après ces jours de pérégrination dans le désert. Quel contraste ! Le crépuscule se penchait sur les tamaris dont les plumets roses frémissaient sous la brise. Les fûts des palmiers crevaient la toile mordorée du ciel. La nuit, avant d'effacer les couleurs, provoquait un dernier feu d'artifice. Les orangés, les mauves, les carmins jaillissaient. Il me sembla voir une forme trapue se balancer dans les branches d'un sycomore. Peut-être un grand singe qui s'était introduit dans le jardin. Des moineaux pépièrent, dérangés dans leur repos. Puis un rougeoiement envahit l'atmosphère, qui noya toutes les autres teintes.

Horemheb était devant moi. Je ne l'avais pas entendu approcher.

« Un domestique va te montrer ta chambre. Je t'ai installé à côté de Néfer. Le voyage a été éprouvant. Il faut reprendre des forces. Demain nous nous rendrons au temple de Louxor. »

Il fit un signe à l'un des domestiques chargés de vider les chariots. L'homme déposa son ballot sur le sol et courut vers nous. Il s'interposa entre le général et moi. À peine s'était-il immobilisé qu'un bruit curieux emplit l'air, évoquant les pales d'un ventilateur. Il y eut un craquement sinistre et l'homme s'effondra. Horemheb fut le premier à comprendre ce qui s'était passé. Il ramassa une sorte de boomerang et se tourna vers le bosquet d'arbres qui jouxtait l'enceinte de la propriété. Ce que j'avais pris pour un grand singe chuta de l'arbre et escalada la palissade.

« Un *mangeur de sang* ! » cracha Horemheb en s'élançant à la poursuite du fuyard.

Je le vis soudain stopper, se ramasser sur lui-même et accomplir une formidable rotation. Le boomerang siffla. Il filait comme l'éclair en direction de l'agresseur. Alertée par ses instincts de prédateur, la silhouette se recroquevilla. L'arme heurta les briques à quelques centimètres à peine de sa cible. Horemheb avait repris sa course. C'était une tentative désespérée car l'inconnu avait déjà sauté de l'autre côté du mur.

Je n'avais pas eu le temps d'avoir peur. Tout s'était passé si vite que je croyais avoir rêvé. Je me penchai sur le domestique étendu à mes pieds. Tentant de le retourner, mes mains entrèrent en contact avec une matière visqueuse. Je criai le prénom de Néfer. Elle seule pouvait secourir ce malheureux, s'il n'était pas trop tard. Les habitants de la maison, alertés par mon appel, commençaient à s'agiter. Ils apportèrent des lampes à huile et s'empressèrent autour de leur compagnon. Bientôt la jeune fille chassa les importuns et ausculta la victime. Son examen fut bref. Elle se redressa aussitôt : « Emmenez-le, je ne peux plus rien pour lui. »

Son regard croisa le mien et j'y lus une infinie tristesse. Néfer avait atteint les limites de son pouvoir de médecin.

Horemheb sortit de l'obscurité, le souffle court.

« Impossible de rattraper qui que ce soit dans les ruelles de Thèbes à cette heure, constata le militaire plus pour lui-même que pour les gens rassemblés autour du cadavre. Une mère égarerait son petit dans ce dédale. »

Il s'enfonça dans la maison sans un mot de plus. Les serviteurs emportèrent le corps et je restai seul avec Néfer. Elle était pâle, encore sous le choc de ce décès inattendu.

« Qu'est-ce qu'un *mangeur de sang* ? demandai-je.

– Un assassin », répliqua-t-elle d'une voix blanche.

Je compris soudain que c'était Horemheb qui était visé. Si le malheureux serviteur ne s'était pas mis devant lui à la dernière seconde, le général aurait rejoint sa *maison d' Occident*... Ainsi les Égyptiens nomment-ils leur tombeau.

# 15

**La maisonnée bouillonnait** d'effervescence quand je descendis prendre mon petit déjeuner. Je grignotai une galette de pain accompagnée d'un bol de yoghourt salé tout en déambulant dans les diverses parties de la villa. J'essayais de ne pas gêner les domestiques qui s'affairaient à remettre en ordre les locaux longtemps désertés. Ils agissaient avec fébrilité, couraient d'une pièce à l'autre, époussetaient les meubles, stockaient les provisions, battaient les literies, allumaient les fours, lessivaient les nattes, balayaient les sols et mille autres activités nécessaires au bon fonctionnement du domaine. Très vite je perçus des signes d'inquiétude. Cette dépense d'énergie était le parfait moyen d'évacuer le traumatisme dû au meurtre de la veille. Je surpris plusieurs fois des bribes de conversation, chuchotées entre deux portes, révélatrices de l'état d'esprit ambiant. Je n'avais pas été le seul à conclure qu'Horemheb en personne était visé. Ce qui choquait peut-être davantage que le crime lui-même, tant cet homme savait s'attirer le dévouement. Heureusement, les scènes que je découvris chassèrent bientôt ces sombres pensées. Dans le jardin situé derrière la maison, un enfant poursuivait des oies à l'aide d'une baguette. Comme il ne semblait ni vouloir les mener dans un enclos ni les laisser en paix, je finis par l'apostropher. N'était-il pas cruel de s'acharner ainsi sur de pauvres bêtes ? Il posa sur moi un regard de pitié.

« C'est-y vous qu'allez les soigner si elles piquent un somme ? »

Néfer apparut à cet instant, les traits tirés. Elle n'avait pas fermé l'œil de la nuit.

« Bonjour Baba, lança-t-elle au jeune garçon. Contente de te revoir. N'en veux pas à Tom, c'est mon ami et il ne connaît pas nos coutumes. »

Le gamin haussa les épaules et frappa de plus belle les volatiles qui se dandinaient en poussant d'affreux criaillements.

« Ces oies viennent d'être gavées, précisa Néfer. L'exercice facilite leur digestion. Si Baba autorisait leur repos, elles seraient malades et certaines mourraient. »

Elle encouragea le préposé fouetteur et lui demanda des nouvelles de sa famille.

« Maman attendait ton retour, répondit l'enfant. Tu vas pas tarder à la voir rappliquer. Elle crie aussi fort qu'mes oies parce qu'elle a l'crâne couvert de croûtes. L'est allée trouver une vieille guérisseuse, sur le port. Elle disait s'appeler Sekhmet, comme la déesse des épidémies. M'est avis qu'elle lui a refilé du poison. La moitié d'ses cheveux est tombée. »

Mon amie opina. Malgré la fatigue, elle restait très belle. Une fine tunique de lin blanc accentuait son teint cuivré. Il fallait que je me secoue. Je n'allais pas trembler à chacune de nos rencontres. Néfer avait quatorze ans. Elle ne s'intéresserait pas à un gamin d'un an son cadet. De toute façon je ne me sentais pas le cœur de lui avouer ce que j'éprouvais. Mieux valait oublier mes sentiments. Enfin, si c'était possible !

« La mère de Baba doit préparer la bière, affirma Néfer. Viens, tu verras comment on s'y prend. »

Nous contournâmes les cuisines et avançâmes vers un bâtiment de taille réduite : la brasserie. À l'intérieur, un serviteur activait les flammes d'un four où cuisaient des boules de pâte. Derrière lui, une femme émiettait le pain obtenu dans une grande cuve, tandis qu'une autre y versait du jus de datte. Cette préparation serait foulée, mise à fermenter et filtrée. Alors la boisson serait prête.

« Tu vois ces trous dans le sol ? me demanda Néfer. On y place les jarres en terre cuite remplies de bière. Cela se conserve mieux. »

Un domestique accroupi refermait justement l'une d'entre elles. Il ajustait une assiette sur l'ouverture et, à l'aide d'un peu de plâtre, scellait le tout. Debout devant lui, une femme dégustait un liquide jaunâtre. Elle avait entortillé un foulard autour de sa tête. Ses yeux outrageusement fardés lui donnaient l'air d'un clown. Elle essuya ses lèvres sur sa manche avant de s'élancer vers Néfer.

« Qu'Osiris te protège ! Un fléau s'est abattu sur ma chétive personne à cause de Sekhmet. Fille de singe !

Son âme soit livrée aux chacals ! J'ai payé trois poulets pour ce résultat ! »

Youyi ôta son foulard. Quelques poignées de cheveux secs parsemaient sa chair à vif. Je grimaçai à ce spectacle peu ragoûtant. Néfer, quant à elle, ne montra aucune répulsion. Elle s'approcha de Youyi, toucha délicatement son cuir chevelu.

« J'ai besoin de connaître la substance que tu as utilisée.

– Je l'ai jetée au fleuve. Mais c'était de la graisse de serpent noir dans laquelle on avait pilé une dent d'âne. Je ne comprends pas, tout le monde sait que cette recette est infaillible. En principe, celle qui l'applique retrouve une chevelure d'ébène. Sekhmet a glissé autre chose dans sa crème.

– Je t'ai déjà dit que ce n'était pas le bon moyen de se teindre les cheveux la dernière fois que nous nous sommes vues, protesta Néfer. Pourquoi n'as-tu pas suivi mes conseils ?

– J'étais à cours de produit. Tu es partie trop longtemps. Je suis fautive, je sais, j'aurais dû t'écouter. Avec tous ces charlatans qui s'installent en ville, on ne sait plus à qui se fier. Quand j'ai appris qu'une nouvelle femme médecin avait ouvert boutique, j'ai pris mes renseignements. Elle était protégée par les prêtres de Louxor. J'ai pensé que c'était une excellente recommandation. Il m'a fallu ruser pour la rencontrer. Les prêtres gardaient sa maison et en interdisaient l'accès à quiconque. Drôle de manière de commercer! Je me suis dit qu'ils voulaient réserver ses talents pour le temple.» Youyi haussa les épaules. «Une calamité! Une invasion de sauterelles ne causerait pas tant de dégâts! J'ai bien vu qu'elle était droguée ou soûle. Elle marmonnait des paroles incompréhensibles et ses yeux roulaient comme s'ils allaient lui sortir de la tête. Mais j'ai mis ça sur le compte de ses pouvoirs. Voilà le résultat!»

La mère de Baba tira sur une touffe de cheveux qui lui resta entre les doigts.

«Oh! j'y suis retournée. J'étais décidée à lui faire avaler son baume. Et ce n'est pas quelques gringalets de prêtres qui auraient pu m'arrêter. Mais la sorcière avait plié bagage. Plus aucune trace! Sekhmet s'était envolée.»

Néfer posa une main apaisante sur le bras de Youyi. Les torrents de paroles s'interrompirent.

«Passe à la pharmacie quand tu auras terminé ton travail. J'ai de quoi te soulager. Mais il faudra attendre que tes cheveux repoussent d'eux-mêmes. Et plus de teinture avant quelques mois.»

Nous nous reculâmes. J'en profitai pour glisser à l'oreille de Néfer qu'il m'était peut-être possible d'agir. La jeune fille fronça les sourcils: «Attention, Youyi est une incorrigible coquette. Si tu échoues, elle va t'étriper.»

Je ne résistais pas à l'envie de briller devant la jeune fille. Jusqu'à présent elle n'avait aperçu qu'une faible partie de mes capacités. J'avais l'occasion de l'épater. D'accord, c'était un peu ridicule, mais quel amoureux n'a pas joué au fanfaron devant son amie ?

J'interpellai Youyi et lui proposai mon aide. La domestique me sauta au cou. « Ça ne peut pas être pire », conclut-elle, joignant ses mains en signe d'imploration.

Je m'immobilisai et lançai le sortilège sous le regard méfiant de Néfer.

Le crâne de Youyi se couvrit instantanément d'une mousse blonde. Des cheveux crépus, d'une magnifique teinte jaune citron, cascadèrent sur les épaules de la femme ahurie. Des mèches se séparèrent avant de s'enrouler en mille petites nattes qui lui battaient les reins.

Quand le sort prit fin, nous avions sous les yeux un parfait exemple de hippie. Enfin, si l'on oubliait la couleur vive des tresses qui jurait atrocement avec la peau bistrée de leur propriétaire. Youyi était aussi convaincante que Gros Minet travesti en Titi. Néfer avait plaqué sa main sur sa bouche et réprimé à grand-peine un cri de stupéfaction. La domestique virevolta, secoua sa crinière avec fierté.

« Une splendeur ! roucoula-t-elle. Durant mon existence entière je n'ai jamais croisé une femme dotée d'une chevelure semblable. »

En effet ! Cette affirmation ne pouvait être mise en doute. Mieux valait ne plus avoir un poil sur le caillou qu'une toison de ce type. J'étais gêné, terriblement mal à l'aise. Néfer devait avoir une piètre opinion de moi.

Youyi nous remercia vivement. Elle nous proposa de goûter à la bière nouvelle. J'étais sur le point d'accepter – un petit remontant ne me ferait pas de mal ! – quand je vis les deux femmes au bord de la cuve enjamber le rebord et se mettre à piétiner le mélange. Berk ! Maintenant que j'avais assisté à cette démonstration, il m'était difficile de boire une gorgée de ce breuvage. Je prétextai un besoin pressant pour rentrer dans la villa et quitter le lieu de mes exploits.

Tooloo m'accueillit, au comble de l'excitation : « Réception au temple de Louxor cette après-midi ! Nous devons être chics pour faire honneur au général. C'est un événement. La ville entière sera rassemblée. File à la salle de bains te décrasser. Une bonne douche ne te fera pas de mal. Je peux te renifler à deux kilomètres ! »

Je haussai les épaules. Évidemment, je n'étais pas d'une propreté exemplaire, mais je venais de traverser le désert dans un campement militaire. J'avais des circonstances atténuantes.

Je fus ébloui par le luxe de la salle réservée à la toilette. Des dalles de calcaire recouvraient le sol. Derrière un écran, un serviteur grimpé sur un tabouret m'aspergea d'eau tiède. Je me frottai avec une sorte de savon blanc un peu graisseux qui devait contenir du sable. Quand le domestique me rinça, je poussai un soupir de satisfaction. Il est vrai que c'est une sensation agréable de se sentir décrotté. J'enfilai un pagne plissé qui tombait jusqu'aux genoux. Le serviteur me présenta des tiges de roseau. Que diable pouvais-je bien en faire ? Au risque de passer pour un idiot, je l'interrogeai.

« Cela sert à se brosser les dents », répondit l'homme, ahuri.

J'obtempérai. Une saveur étrange envahit ma bouche. Les tiges étaient aromatisées ! En tout cas, c'était efficace. Peut-être moins commode que la brosse à dents et le dentifrice, mais efficace. Enfin, le serviteur m'enduisit le cou d'huile de menthe.

« Les moustiques n'aiment pas cette odeur », me confia-t-il pour devancer ma question.

Voilà, j'avais fait ma toilette à la mode égyptienne. Je me précipitai dans ma chambre. Tooloo serait fier de mon allure. Il se tenait sur un des montants du lit, une tête de lion ouvragée.

« Pouah ! piailla-t-il en s'envolant. Je ne supporte pas la menthe ! Ça me donne des allergies ! »

Cet oiseau n'était jamais content.

# 16

**Les vivats de la foule** assourdissaient mes oreilles. J'écartai le pan de tissu de la chaise à porteurs et observai par l'interstice la liesse populaire. Tous les Thébains s'étaient donné rendez-vous pour fêter le retour du général victorieux. Des femmes jonchaient le parcours de pétales de fleurs qu'elles avaient apportés dans de larges corbeilles d'osier. Des hourras déchiraient l'air, mêlés aux clameurs et aux rires de joie. Personne ne pouvait imaginer qu'au même moment le pharaon en titre gisait sur son lit, à l'agonie. Si l'attentat de la veille avait été organisé par Ay, comme le supposait Horemheb, je ne comprenais pas ce qui avait poussé le vieillard à célébrer son ennemi. Erreur de tactique ou piège machiavélique ? Au seuil de la mort, le pharaon aurait dû avoir d'autres préoccupations car, quoi qu'il se passe, il ne serait plus là pour le voir.

Ballotté par le pas cadencé des porteurs, je me penchai pour apercevoir la procession. Nous avions quitté la villa une heure auparavant, mais l'affluence était telle que nous n'avions pas encore atteint le temple où aurait lieu la cérémonie officielle. Horemheb, accueilli par le grand prêtre, serait conduit jusqu'au saint des saints, le naos, où reposait le Dieu vivant sous la forme d'une statuette. Dans cette pièce interdite au commun des mortels, il se prosternerait pour remercier la divinité et recevrait la couronne des conquérants. Pour l'instant, le militaire avait pris place sur un trône luxueux que soulevaient vingt-quatre soldats. Il était précédé d'un régiment de l'armée. Les hommes exhibaient les trophées arrachés à leurs adversaires. Les badauds se déchaînaient devant ces preuves de puissance, acclamant les guerriers dont les épées jetaient des étincelles sous les lueurs aveuglantes de la mi-journée. Les boucliers peints ajoutaient des notes bigarrées au défilé. Horemheb, coiffé d'un casque bleu, dominait le cortège, sans daigner voir le peuple. Un vague sourire aux lèvres, il fixait l'horizon. Des esclaves l'accompagnaient, balançant d'énormes chasse-mouches en plumes d'autruche. Puis venaient les porteurs d'enseignes. La chaise de Néfer et la mienne fermaient la marche. Nous étions cachés sous des voilages opaques. Je m'enfonçai dans mon fauteuil, las de tout ce vacarme.

« Ai-je suffisamment lustré mes plumes ? s'enquit Tooloo qui posait avec dignité sur l'accoudoir. Si le général fait appel à nos services, je veux en imposer à tous ces curieux. »

Un cahot le fit chanceler. Il roula sur mes genoux, puis, tout ébouriffé, rallia son perchoir. Je m'amusai de l'attitude de mon aiglon qui, mortifié, s'était mis à bouder.

Bientôt mes pensées prirent une tournure plus sinistre. Depuis deux semaines que j'étais arrivé en Égypte, ma mission n'avait pas progressé d'un pouce. Je ne détenais pas la moindre piste qui puisse me mener jusqu'à Cassandra. Bien au contraire, je m'étais laissé embrigader dans une histoire qui ne me concernait pas. Si rien ne changeait, je n'étais pas près de retourner parmi les miens. Évidemment, le plaisir que j'éprouvais à partager la compagnie de Néfer n'était pas étranger à mon peu d'enthousiasme pour enquêter. Avais-je aussi le droit de fausser compagnie à Horemheb, alors que je lui devais la vie et qu'il avait sollicité mon aide ? J'étais tiraillé par des sentiments contradictoires et, pour la première fois, je n'arrivais pas à me décider.

Ma chaise à porteurs s'immobilisa. Je glissai la tête entre les rideaux. Les pylônes du temple occupaient tout l'espace devant moi. J'y retrouvai un motif que j'avais observé sur le char d'Horemheb : le géant pourfendeur d'humains. Les dimensions de la sculpture me coupèrent le souffle. Le bâtiment m'écrasait, comme si je n'étais qu'une fourmi. Au sommet de grands mâts, des oriflammes claquaient au vent. Leur bruit me fit prendre conscience du silence qui nous environnait. Je contemplai la foule devenue muette. Elle aussi devait être sensible à la majesté imposante du sanctuaire. Un mouvement brisa l'ordonnance des soldats : le grand prêtre s'avançait à la rencontre de son invité.

Je crus que le monde basculait. Instinctivement je me

rejetai en arrière à l'abri des voilages. Ou j'avais la berlue, ou j'assistais à la réalisation de mon pire cauchemar. La main tremblante, je froissai le tissu pour confirmer ce que je croyais avoir vu. Mon cœur explosa dans ma poitrine. Le grand prêtre n'était autre que Virulos ! Ainsi, il m'avait suivi jusqu'en Égypte et désormais j'étais seul contre lui. Pas de refuge, pas de tante Anna pour me protéger. Si la créature de Mordom découvrait ma présence, elle m'expédierait sur-le-champ auprès de son maître. La vision de Mordom sur son trône de marbre noir m'assaillit. Je distinguais les épines de métal et la face ravagée de ce monstre. Malgré la panique, il fallait que je réfléchisse. Virulos était l'unique lien qui me reliait à Cassandra. Mon intuition me disait que le responsable de l'enlèvement de la dame de compagnie de ma tante se tenait devant moi. Visiblement les circonstances avaient choisi pour moi. Je devais poursuivre mon but initial. Horemheb attendrait.

Les prêtres entonnèrent un hymne. Bientôt des musiciens les remplacèrent. Harpistes, luthistes, joueurs de tambourin créaient une mélodie envoûtante. Je patientai encore quelques minutes avant de risquer un autre coup d'œil : ce n'était pas le moment de me faire repérer. Sur le parvis du temple, tournoyaient des danseuses. Aucune trace de Virulos et du général. Tous deux avaient franchi l'enceinte sacrée où nul n'était autorisé en dehors du clergé et des hauts dignitaires. Je blêmis. N'était-ce pas l'occasion idéale pour se débarrasser d'Horemheb ? Ce dernier craignait le palais, mais n'avait pas songé au temple. Pourtant, les sorciers réunis par Ti, l'épouse du pharaon mourant, ne représentaient qu'une piètre menace en comparaison.

Je m'emparai de Tooloo, dégringolai de la chaise à porteurs et me hâtai vers celle de Néfer. Elle sursauta et mit rapidement pied à terre pour m'écouter.

« Nous devons entrer dans le temple, dis-je, haletant. Horemheb court un grave danger. »

L'expression de la jeune fille passa de l'étonnement à l'effroi. Je lui résumai la situation, priant pour qu'elle ne me traite pas de fou. C'était mal juger les capacités de Néfer. Elle me saisit le poignet et s'avança vers les soldats qui contenaient la foule, impassibles.

« L'oiseau de mon ami a un malaise, expliqua-t-elle au gradé de la petite troupe. Je vais le conduire chez Sekhmet, sa maison est à quelques ruelles. Elle détient les plantes nécessaires à sa guérison. Laisse-nous passer. »

L'homme obéit. Il fit signe à deux Nubiens qui nous ouvrirent une voie dans les rangs des spectateurs. Les Thébains maugréaient, nous les gênions dans leur plaisir, d'autant plus qu'une dizaine de jongleurs étaient venus rivaliser d'adresse devant les musiciens. Une femme portant un singe sur l'épaule exprima son mécontentement, mais n'osa pas tenir tête aux guerriers. Elle nous céda le passage. Lorsque la population fut moins dense, Néfer s'arrêta : « Nous allons continuer seuls. »

Les deux hommes hésitèrent. Tooloo s'était recroquevillé contre ma poitrine, mimant une syncope. Je ne pouvais pas lui reprocher sa bonne volonté, mais lorsqu'il commença à râler comme un moteur à réaction, j'eus peur que la supercherie soit éventée. Heureusement pour nous, l'autorité naturelle de Néfer convainquit les gardes. Ils rebroussèrent chemin. Nous galopâmes le long du mur de briques d'un entrepôt et débouchâmes sur le port. Le fleuve avait creusé son lit sur une largeur d'environ cinq cents mètres, quasiment le double de la Seine. La sécheresse, réduisant le débit au minimum, dénudait de larges bandes sablonneuses et multipliait les remous. Quelques ibis blancs laissaient l'empreinte de leurs pattes sur les rives. Seules navigaient une dizaine de barques en tiges de papyrus tressées, les bateaux de plus gros tonnage ayant accosté dans l'attente de la crue prochaine. Des matelots arpentaient le pont, furieux d'être consignés alors que leurs camarades profitaient des réjouissances. Néfer me guida sur les quais. Toutes les échoppes avaient tiré leur devanture de bois. Nous finîmes par atteindre une zone de friche. La jeune fille me fit descendre quelques marches et m'entraîna sur la berge. Nos pieds s'enfonçaient dans la vase et souvent nous devions zigzaguer entre les plantes aquatiques dont les feuilles jaunies ployaient jusqu'à terre.

« Si je me souviens bien, nous ne sommes pas loin du but, souffla Néfer. L'unique moyen d'entrer dans le temple sans nous faire prendre est le nilomètre. C'est une sorte de puits relié au fleuve par un tunnel. À cette période de l'année, nous pourrons le traverser à sec. Grâce à ce système, les prêtres mesurent la montée des eaux. Un escalier leur permet de descendre jusqu'à une graduation gravée dans la roche. Ils savent ainsi si l'année sera propice aux cultures ou, au contraire, désastreuse. Au-dessous d'un certain seuil, la famine ravagera le pays. Une poussée trop forte noiera les villages et le résultat sera identique. Chaque année, notre avenir dépend des états d'âme d'Hâpy, le dieu de l'inondation. »

En effet, un trou ovale perçait la digue de terre.

« Si ça ne vous dérange pas, je vais faire le guet, bredouilla Tooloo. Pas question de m'aventurer dans un endroit aussi crasseux. J'ai consacré la matinée à ma mise. En plus, je suis claustrophobe. »

Ni Néfer ni moi ne fûmes dupes de ces mensonges. L'aiglon déglutissait avec peine. La frousse le clouait sur place. Lui, d'habitude plutôt téméraire, se dégonflait au seul nom de Virulos. J'avais dû me montrer très convaincant en décrivant l'ignoble personnage. Nous acquiesçâmes, sans perdre de temps à parlementer.

Il fallut nous accroupir et marcher l'un derrière l'autre, la galerie étant plutôt étroite.

« Nous aviserons une fois à l'intérieur », chuchota ma camarade. Un écho déformait sa voix, lui donnant un timbre plus grave. Dans ce boyau humide, l'air était étouffant. Des algues recouvraient les parois et je dérapais fréquemment. Une mousse nauséabonde souillait mes mains dès que je cherchais un appui.

« Espérons que les employés du temple soient accaparés par la réception, pria Néfer comme nous débouchions dans une cuve de pierre. Nous aurons à traverser un grand espace à découvert. »

La plaque bleue du ciel ressemblait à un carreau de faïence. Une dizaine de marches menaient à la surface. C'était le moment d'exploiter mes dons. J'agrippai Néfer à l'épaule et lui fit signe de se taire. Puis je mobilisai mon fluide afin de me rendre aussi transparent que l'air. J'y réussis sans difficulté, ce qui époustoufla mon amie. Elle eut assez de présence d'esprit pour ne pas crier. Il fallait maintenant l'inclure dans le charme. Je n'avais jamais essayé un tel transfert, mais le jeu en valait la chandelle. Je visualisai Néfer mentalement et agis comme pour moi-même. Je crus d'abord avoir échoué, puis la silhouette de ma camarade se brouilla et se décomposa peu à peu jusqu'à disparaître totalement. Waouh ! Je compris sa réaction. Plutôt réfrigérant comme effet ! J'ignorais combien de temps je serais capable de maintenir le sortilège : il réclamait des efforts soutenus, mieux valait ne pas traîner.

Nous escaladâmes les marches. L'esplanade qui s'étalait sous nos yeux était encombrée de jeunes hommes à la tête rasée. Nous les contournâmes aisément, le seul problème étant que nos déplacements provoquaient des nuages de poussière. Heureusement personne n'y prêta garde. Néfer m'avait saisi la main pour me guider dans le labyrinthe du temple. Nous passâmes dans une salle aux proportions gigantesques. Des vautours stylisés déployaient leurs ailes sur une voûte étoilée, soutenue par une forêt de colonnes. Celles-ci atteignaient la hauteur d'un immeuble de trois étages et leur chapiteau s'ornait de couleurs vives. Le rouge, le jaune, le vert, le bleu chatoyaient dans la pénombre. C'était à la fois splendide et écrasant. Mais nous n'étions pas là pour nous extasier. Nous empruntâmes une allée s'achevant par un pylône à peine plus petit que celui qui marquait l'entrée du domaine divin. Au-delà, les pièces se rapetissaient. Nous frôlâmes des statues d'hommes et de femmes assis, figées dans une éternité de pierre. Parfois une tête d'animal reposait sur un corps humain. Crocodiles, lions et béliers semblaient nous défier de leurs prunelles fixes. Je resserrai machinalement les doigts sur la paume de Néfer.

« Ce sont nos dieux, murmura-t-elle. Je suis sûre qu'ils nous soutiennent. Rappelle-toi qu'il ne faut pas se fier aux apparences. »

J'aurais aimé avoir cette assurance. Je sentais au contraire la peur me gagner et qu'il s'en fallait de peu avant que je ne prenne mes jambes à mon cou.

Une mélopée s'éleva, droit devant nous. Nous nous dirigeâmes vers elle. Une totale obscurité régnait dans cette partie de l'édifice et nous dûmes poser les mains sur les murs pour éviter de nous cogner. Les dernières notes de la prière moururent à l'instant même où nous accédions au naos. Devant un parterre d'officiants prosternés, Horemheb se dressait. Il nous tournait le dos, recueilli dans la contemplation d'une niche où reposait la figurine du dieu. La lumière des torches projetait son ombre sur la cloison. Elle se contorsionnait comme un reptile cauchemardesque. Virulos émergea des ténèbres, un cercle d'or entre les mains. Il s'approcha du général, tendant le bijou.

Un flash déchira mon esprit et je sus que la couronne recelait un poison foudroyant. En quelques secondes, je vis la créature de Mordom la planter sur le crâne du général. Les griffes du métal tailladaient sa peau, y infiltraient la substance mortelle. Horemheb poussait un gémissement pitoyable avant de s'affaisser sur le sol...

Cette vision m'avait épuisé. J'avais été à nouveau la proie d'une prémonition. Exactement comme dans la salle des profs. Si je ne pouvais me l'expliquer, j'étais reconnaissant envers ce pouvoir qui me permettait d'entrevoir l'avenir. Hélas, le choc qu'il suscitait en moi avait annulé le charme d'invisibilité. Je sursautai en découvrant que Néfer et moi étions livrés aux regards de l'assistance. Il était désormais trop tard pour nous dissimuler. Virulos abaissait la couronne vers Horemheb. Je poussai un cri qui stoppa le geste du grand prêtre. Il pivota vers nous. Sa face se crispa. La longue cicatrice qui barrait sa joue se tordit. Horemheb, quant à lui, écarquillait les yeux en signe d'incompréhension. Puis il nous aperçut et ses traits se décomposèrent. La cérémonie était interrompue. Or, que voyait le général ? Un sorcier qui venait d'apparaître pour entraver son couronnement, accompagné de sa pupille. La colère le submergea. Je compris que le guerrier se méprenait sur le sens de notre intervention. Il imaginait sans doute que j'avais envoûté Néfer afin de m'assurer de sa complicité. Dans l'esprit d'Horemheb, j'étais l'unique responsable de la catastrophe. Ma jeune amie réalisa, elle aussi, l'erreur de son tuteur. Elle tituba de désespoir.

« Emparez-vous d'eux ! » vociféra Virulos qui reprenait ses esprits. Il jeta la couronne d'or sur les dalles et pointa le doigt vers nous. Il fallait fuir. Ce démon tentait de nous terrasser au moyen d'un sort. Sans réfléchir, j'empoignai Néfer et me précipitai hors du naos. Nous tâcherions de nous expliquer plus tard avec le général. Les prêtres ne s'étaient pas encore lancés à notre poursuite et leur groupe empêchait Virulos de nous atteindre. Si nous voulions nous en sortir, nous devions profiter de cette chance. La cavalcade nous mena dans diverses salles. Nous heurtions des moines, mais la discrétion n'était plus notre principal souci. Encore quelques enjambées et nous sautâmes dans le nilomètre. Hélas ! il était peu probable que la poursuite s'arrête là. Nous nous retrouvâmes sur la rive. Pas un seul endroit où se cacher ! Bientôt les prêtres nous ceintureraient... Des piaulements aigus retentirent : Tooloo nous indiquait une barque échouée sur la berge. Nous la dégageâmes du limon et nous y aplatîmes. Le courant faisait ballotter le frêle esquif. Enfin, il commença à dériver, nous éloignant de nos poursuivants qui éclataient en imprécations le long du rivage.

J'étais penaud. Certes, j'avais sauvé *in extremis* la vie d'Horemheb, mais ce dernier pensait maintenant que j'œuvrais en vue de lui nuire. Pour lui, j'étais un ingrat qui payait sa bonté par le pire acte de traîtrise qui soit. Et non content de ruiner son avenir, j'entraînais sa protégée dans mes machinations. De surcroît, Virulos savait à présent que je me trouvais en Égypte. Il allait mettre le pays à sac, fouiller chaque demeure, de la plus modeste à la plus luxueuse, pour me dénicher. Mais le pire, c'est que j'avais condamné Néfer en l'associant à mon sort.

# 17

**Depuis quelques minutes** seuls les clapotis du fleuve restaient perceptibles. Nous avions distancé nos ennemis. Je n'étais pas soulagé pour autant, au contraire, un poids encombrait mon estomac, comme si on y avait déversé une tonne de cailloux.

« Accostons, proposai-je. Ce rafiot est troué, il ne va pas tarder à sombrer. »

En effet, nous pataugions déjà dans cinq centimètres d'eau. Les tiges de papyrus usagées étaient imbibées, de sorte qu'elles n'assuraient plus l'étanchéité de notre embarcation.

Je me couchai sur la proue et pagayai tant bien que mal en plongeant les bras dans le Nil. Néfer interrompit mes mouvements : « Pas de ce côté. La cité va grouiller de policiers. N'oublie pas qu'Horemheb nous croit coupables : ses hommes vont alimenter les patrouilles. Sans compter les nuées de prêtres qui se lanceront à nos trousses. Il ne subsiste qu'une issue : la nécropole. »

Je faillis lui faire répéter ce qu'elle venait de dire. Le sang-froid de ma compagne d'infortune me désarçonna. Sans sourciller, Néfer envisageait d'aborder la rive occidentale de la ville, domaine réservé aux sépultures. Ce vaste cimetière couvrait des kilomètres sur lesquels s'entassaient les tombeaux des Thébains. Il y avait le coin dévolu aux pauvres, dont les corps momifiés à la hâte étaient ensevelis à même le sable. Puis s'étageaient les caveaux des nobles, sur les contreforts de la montagne. Leurs dernières demeures, creusées dans le roc, cachaient les meubles précieux et les joyaux qu'ils avaient souhaité emporter pour leur séjour dans l'au-delà. Plus loin encore, dans un défilé abrupt où l'ardeur du soleil fendait la roche, se trouvait la Vallée des Rois. Là dormaient d'un sommeil éternel les pharaons de l'empire d'Égypte. À l'abri des profanateurs, ils suivaient la course de Rê, qui, chaque nuit, venait les extirper du monde des morts. Bien sûr, ce n'étaient que croyances et superstitions. Aucune momie n'avait resurgi des entrailles de la terre pour hanter les vivants. Toutefois l'idée de cheminer dans un univers peuplé de cadavres ne m'exaltait pas outre mesure. Les revenants n'étaient d'ailleurs pas les seuls hôtes indésirables. Bêtes fauves, scorpions, serpents grouillaient dans cette immensité de calcaire et de granit. Sans compter les gardes chargés de protéger les trésors des pillages. Car même si les Égyptiens étaient persuadés que des hordes d'esprits malfaisants se déchaînaient la nuit sur cette rive maudite, les fortunes enterrées suscitaient bien des convoitises. De temps à autre, des aventuriers sans foi ni loi tentaient leur chance. On exposait sur les murailles de Thèbes les têtes tranchées de ceux qui avaient été surpris dans ces macabres expéditions. Voilà l'asile que suggérait Néfer. La douleur devait l'égarer.

« Je ne suis pas plus rassurée que toi, m'avertit la jeune fille. Mais je connais Horemheb. Même si nous parvenions à l'atteindre, il ne nous écouterait pas. La rage agite son sang. Au vu de ce qui s'est passé, nous sommes coupables de l'échec de la cérémonie. Or, cette récompense le rapprochait du trône. Ses qualités belliqueuses ont été rejetées par les dieux. C'est ainsi que sera interprété ce qui a eu lieu dans le naos. Une partie du peuple va douter de son droit à succéder à Ay.

– Pourquoi ne pas organiser une nouvelle célébration ? Nous enverrons Tooloo l'avertir des dangers encourus. »

L'aiglon battit des ailes : « Faut-il toujours que je sois aux avant-postes ? Tu nous as plongés dans les embrouilles, accusa-t-il. Je ne tiens pas à en payer les frais ! »

Néfer tendit le bras en un geste d'apaisement.

« Aucun humain ne peut braver la décision des dieux », dit-elle. Son ton était calme, empreint de résignation. Habituée aux malheurs, elle ne se défendait pas contre les revers de fortune. Cette attitude me fit mal, car elle dévoilait l'incommensurable tristesse qui rongeait l'âme de mon amie.

« Virulos lui-même doit se plier aux événements, continua-t-elle. En stoppant le cours du couronnement, nous l'avons rendu impossible.

– Sans nous, le général serait mort à cette heure ! m'écriai-je.

– Je le sais. Mais lui l'ignore. Il s'est forgé une opinion tout autre, que le grand prêtre n'a pas dû démentir. Je connais trop bien mon père adoptif. Son tempérament fougueux va obscurcir sa raison. Inutile de chercher à l'approcher. Il te ferait exécuter et m'isolerait jusqu'à ce qu'il soit sûr que ton pouvoir sur moi soit effacé. Seul le temps peut l'apaiser. Alors je tenterai de le convaincre. Pour l'instant, mieux vaut nous cacher.

– Donc nous n'avons pas le choix ? »

Néfer s'abstint de répondre. Un silence accablant nous enveloppa.

« Si vous ne voulez pas servir de quatre-heures aux crocodiles, je vous conseille de vous décider », insista Tooloo qui guettait le niveau de l'eau.

Il fallut écoper. Cette activité dissipa la torpeur qui menaçait notre trio.

Quand il fut certain que la barque flotterait encore quelque temps, Néfer exposa son plan : « Il existe un village d'ouvriers proche des tombes royales. Ce sont eux qui percent la montagne, décorent les caveaux. Parce qu'ils connaissent tous les secrets qui mènent aux sarcophages, ils vivent en reclus. Il leur est interdit de fréquenter les habitants de la ville. De génération en génération, ils naissent, travaillent et meurent dans leur village. Les fils remplacent les pères. Il faut que tu t'introduises auprès d'eux. Personne ne songera à te rechercher dans leur communauté.

– Comment faire ? Pourquoi accepteraient-ils un étranger ?

– C'est ça ou le châtiment de Virulos. Ton intrusion sera plus facile si tu es seul. On prétend que les ouvriers se laissent parfois acheter et que, sous le règne de Ay, les trafics illégaux prospèrent. Nous allons nous séparer. Ne t'inquiète pas. Je sais où me rendre. La Maison des Embaumeurs m'ouvrira ses portes. Je suis suffisamment compétente pour les seconder dans leur tâche. J'inventerai une histoire plausible pour expliquer ma présence. Le métier d'embaumeur répugne au peuple. Eux aussi subissent une mise à l'écart. L'arrivée d'une apprentie sera une aubaine. Nous confierons les communications à Tooloo, si cela lui convient. D'ici quelques jours la colère d'Horemheb sera apaisée. J'irai le voir et lui expliquerai tout. »

Mon volatile se rengorgea. Le tact avec lequel Néfer lui avait assigné un rôle le flattait.

Tout compte fait, ce plan paraissait judicieux. Cependant, sa réalisation reposait sur de nombreuses incertitudes. Quoi qu'il en soit, nous n'avions pas d'autres solutions. À nouveau le sens pratique de Néfer l'emportait. Heureusement que je l'avais comme alliée. Une bouffée de tendresse m'envahit. Jusque dans sa détresse, la jeune fille privilégiait notre sécurité. J'aurais voulu la serrer dans mes bras. Ses traits, bouleversés par les péripéties, conservaient leur grâce. Je faillis suivre mon impulsion, mais la pudeur prit le dessus et je me contentai de sourire le plus chaleureusement du monde. Quelle adolescente exceptionnelle ! Oui, j'étais amoureux. Amoureux fou même. Néfer rougit, détourna son regard vers les cimes où le soleil amorçait son déclin. Avait-elle deviné mon trouble ? Sans le vouloir, je crois que je lui avais permis de lire dans mon cœur.

# 18

J'AVAIS ABANDONNÉ Néfer et Tooloo. Mon amie était résolue à se faire embaucher comme aide dans l'atelier des embaumeurs. La route était longue jusqu'à la bâtisse qui se situait au pied du mausolée d'Hatchepsout, la reine pharaon. Notre séparation fut rapide. J'eus la sensation pénible que la jeune fille me fuyait. Peut-être était-elle embarrassée par mon attachement trop visible ? Cela me laissait une saveur amère dans la bouche. J'aurais aimé trouver la force de lui parler. Mais il me faudrait désormais attendre, sans autre contact que les messages de mon aiglon transformé en facteur. Tooloo, quant à lui, avait dû prendre la poudre d'escampette car son signalement nous aurait fait immédiatement repérer. Il se débrouillerait pour survivre à proximité du Nil, là où la végétation luxuriante offrait le plus de ressources alimentaires. J'étais donc livré à moi-même sur la Terre rouge de Seth.

Je gravis une colline plantée d'hibiscus et de cocotiers. La nuit drapait le paysage d'un bleu violet. Dans la plaine, le village de Deir el-Medineh dessinait son ovale blanc. À l'abri d'une muraille, les maisons s'alignaient, rectangles identiques que rien ne singularisait. La rue principale présidait à la répartition des demeures. Pas de croisement, un axe rectiligne comme unique voie de circulation. Je soupirai avant de dévaler la pente. Des odeurs de viandes rôties agacèrent mes narines, mêlées à l'âcre parfum du désert. Mon ventre, soudain ranimé, émit quelques borborygmes. Je n'avais rien avalé depuis le déjeuner et des crampes contractèrent mon abdomen. Je formulai des vœux pour partager le repas du soir avec les villageois.

Une boule de poils coupa ma route et, se ravisant sur sa trajectoire, se faufila entre mes jambes, au risque de me percuter.

« Démon ! Viens ici tout de suite ! Maudite bestiole ! Tu es plus goulu qu'un hippopotame ou qu'un esclave de Pharaon ! »

Un homme sec comme un tronc d'olivier venait à ma rencontre. Il essayait de courir, mais la rougeur de ses joues annonçait qu'il n'irait pas loin. Il s'immobilisa devant moi et s'inclina, les mains sur les cuisses, pour reprendre son souffle.

« Votre chat s'est sauvé par là, dis-je en montrant la piste raboteuse.

– Lorsqu'il renifle du gibier, il vole tel un scarabée et l'ouragan lui-même ne pourrait le devancer. Il rentrera demain, repu, sans rapporter la moindre part de son butin à son propriétaire ! »

Toutou – ainsi se présenta l'inconnu – se répandit en lamentations. Je compris qu'il avait adopté Démon dans l'espoir de le dresser à la chasse. Hélas, de piètres résultats récompensaient ses efforts. Le chat débusquait des oiseaux, mais il négligeait toujours de les rapporter, préférant les dévorer jusqu'à la dernière plume. Au lieu d'améliorer l'ordinaire, la présence du félin réduisait les rations de la famille.

« Il chipe le poisson dans le panier, vide le pot de miel, rafle tout ce qui passe à portée de sa patte ! Mesto m'avait prévenu : en l'appelant Démon, je m'attirerais des ennuis. Enfin, il est l'heure de regagner le village, le portier va verrouiller l'entrée. Je ne tiens pas à coucher dehors. »

L'homme prit brusquement conscience de l'étrangeté de la situation.

« Dis donc, gamin, l'endroit est peu réputé pour ses balades. Ne serais-tu pas un fugueur du genre de Démon ? »

Il me scrutait avec tant d'intensité que je reculai de plusieurs pas. Évidemment, personne ne se souciait de mon retour, enfin personne en Égypte. Car mes parents, eux, devaient se ronger les sangs à mon sujet. Je balbutiai des explications filandreuses, bourrelé de remords.

« Ouais ! maugréa Toutou, je suppose que ton père serait rassuré de savoir qu'un honnête travailleur t'a recueilli au lieu de te laisser savourer un matelas de cailloux. Mon toit est modeste, mais il vaut mieux que le champ des étoiles. Viens, tu pourras méditer sur ce qu'il convient de faire. »

Il passa son bras autour de mes épaules et m'entraîna avec lui vers Deir el-Medineh.

« Note que je ne t'ai rien promis, ajouta-t-il comme nous avancions vers le haut mur de briques. Nous n'avons pas le droit de discuter avec des étrangers à notre communauté. T'héberger, c'est violer la loi. Mesto, notre chef de chantier, décidera de ton sort. Et, quoi qu'il m'en coûte, je me plierai à ses ordres. Je ne vais pas risquer mon emploi pour un polisson en rupture avec sa famille. Les temps sont durs, les assiettes plus souvent vides que pleines. Si le fleuve ne tient pas ses promesses, la famine va sévir et la Vallée du silence s'enrichir de sépultures neuves. Je suis encore trop jeune pour coucher ma carcasse dans les flancs brûlants de la montagne. »

Ce discours fut interrompu par des grognements rauques. Ils provenaient d'un individu qui s'extirpait d'un guichet.

« La prochaine fois, tu croupiras dehors ! »

Le portier se campa devant nous, jambes écartées, poing dressé. D'une obésité sidérante, il ressemblait davantage à un empilement de sphères qu'à un être humain. Sphères des mollets, sphères des cuisses, sphères de la panse, de la poitrine et de la tête. Je craignis qu'il ne se mette à rouler et ne nous lamine comme un rouleau compresseur. Sa chair adipeuse tremblotait à chacun de ses mouvements, comme les flancs à la gelée de coing que confectionnait ma mère. Toutou, nullement décontenancé, tenta de s'excuser, mais son air faussement piteux en disait long sur sa sincérité.

« Démon-le-sanguinaire traque ses victimes. J'espérais récolter un rôti supplémentaire et le partager avec toi.

– Tel maître, tel chat. Ton animal est aussi avare que toi. Tu compteras dix petits-fils avant qu'il ne te ramène du gibier. Et moi, dix petits-fils de mes petits-fils avant de recevoir ton invitation à un festin. » Les pupilles suspicieuses du portier se plantèrent sur moi : « Souhaites-tu remplacer ton animal par un vagabond ? Ce n'est pas de cette manière que ton garde-manger va se remplir. Et puis introduire ici ce crève-la-faim est contre la loi.

– Conduis-nous chez Mesto, répliqua Toutou. La décision lui revient. Tes insultes sont comme le bourdonnement des mouches à mes oreilles. »

L'échange animé se poursuivit entre les deux compères, tout le long de la rue principale. C'était un boyau beaucoup plus étroit que je ne l'avais cru en l'apercevant depuis le sommet de la colline. Des portes badigeonnées de peinture rouge se succédaient, sans autre changement que le nom du propriétaire, inscrit d'un pinceau maladroit en haut à droite. Le portier titubait sous le poids de son corps difforme. Il s'arrêta, reprit sa respiration et tambourina de sa main bouffie contre l'un des panneaux de bois. Celui-ci s'entrebâilla sur un colosse au visage de fouine. L'homme me déplut sur-le-champ. La roublardise suintait de ses pores. Derrière des sourcils broussailleux, ses prunelles bougeaient sans cesse, de sorte qu'il était quasiment impossible de croiser son regard. Une onde d'inquiétude remonta ma colonne vertébrale. Quand Toutou eut exposé la situation, le chef de chantier resta muet. Je subis un examen approfondi de la part de Mesto qui me détailla de la tête aux pieds. Mon malaise s'accrut. Allait-il me chasser ? C'était la décision la plus juste pour le dirigeant du village. Quel intérêt avait-il à enfreindre le règlement ? Pourtant, son attitude me laissait un espoir.

« Soit, conclut-il. Je consens à intégrer provisoirement ce garçon à l'équipe gauche, mais il devra trimer comme les autres. Nous n'avons pas les moyens d'entretenir un fainéant. Pour cette nuit, je préfère qu'il s'installe chez moi. »

Le ton était sans appel et Toutou n'eut qu'à s'incliner devant son supérieur. Il me fit un petit geste désolé avant de s'éclipser.

Dès que mon ami eut tourné les talons, le portier me poussa à l'intérieur de la maison d'un coup de poing dans le dos. Ses manières étaient ouvertement moins affables. En moins d'une minute, je fus rudoyé, fouillé, palpé. Mes protestations ne changèrent rien à ce traitement. Mesto assistait à la scène, les bras croisés, c'est tout juste s'il ne l'encourageait pas par des claquements de langue sonores.

« Il ne dissimule rien, aboya le portier qui me broya la nuque en la serrant dans l'étau de ses doigts.

– D'accord. Tu peux nous laisser», consentit Mesto.

Comme cette brute graisseuse refermait la porte, le chef de chantier l'interpella. Les deux hommes échangèrent quelques mots à voix basse, me décochant des coups d'œil ironiques. Dans quel guêpier étais-je allé me fourrer? Moi qui salivais à la perspective d'un bon repas passé à bavarder avec l'aimable Toutou, dont la gentillesse bourrue m'avait séduit, je me retrouvais malmené par le responsable du village et son acolyte. Pourvu que Néfer ait reçu un accueil différent! L'accord trop facile de Mesto ne me disait rien qui vaille. Qu'avait-il comploté avec le portier?

La pièce sentait le rance. Les murs, autrefois blanchis à la chaux, étaient barbouillés de larges traînées de crasse. Une lampe à huile diffusait un semblant d'éclairage, insuffisant pour dissiper l'obscurité. Les ombres rampaient dans les coins et sur le plafond, compactes et menaçantes. Sur un divan de briques, une natte déchirée gardait l'empreinte de son occupant. Un coffre béant regorgeait de loques grises et rapiécées. La misère et le manque de soin régnaient en maîtres sur cette demeure. Mesto occupait pourtant un poste privilégié parmi les travailleurs de Deir el-Medineh. Je renonçai à comprendre comment un homme dans sa position acceptait de vivre dans un tel dénuement, mais mon inquiétude redoubla.

«Les appartements de monsieur sont prêts», railla l'homme à la tête de fouine. Il venait de dire adieu à son complice et ouvrait une trappe creusée sur le côté du divan. J'avançai vers l'ouverture charbonneuse.

« Je ne possède qu'une chambre et j'ai la promiscuité en horreur, ricana le propriétaire. Pour une nuit, cette cave fera l'affaire. »

Une bourrade me fit descendre les marches.

J'atterris à même la terre battue. J'eus à peine le temps de distinguer les lieux que déjà la trappe se refermait. Le mot cave était bien prétentieux pour qualifier le réduit dans lequel j'avais échoué. C'était un trou humide qui puait le moisi. Non, je ne dégusterais ni oie grillée ni figues nappées de miel. Et les événements de la journée m'avaient à tel point épuisé que je renonçai à utiliser la magie. Sauter un repas n'était pas la fin du monde, méditais-je en enfonçant mes doigts dans mon estomac pour en stopper les gargouillements. C'était même préférable, car l'odeur pestilentielle de l'endroit me chavirait au point que je faillis vomir. Malgré la faim, l'angoisse et l'inconfort, je ne tardai pas à sombrer dans le sommeil.

# 19

**Le scribe,** à l'aide de son calame, grava quelques signes sur une tablette. Puis, une fois satisfait de son brouillon, il délaya un bâtonnet d'encre noire dans un peu d'eau, ouvrit un registre et recopia ses notes hâtives sous forme de hiéroglyphes. Il se leva, choisit un pic à lame de bronze, le pesa et me le tendit : « Tu es responsable de ton outil de travail. J'ai enregistré son numéro sous ton nom. Quand tu reviendras de la Vallée des Rois, tu devras le rapporter au magasin. »

Je saluai avant de regagner la sortie. Cet instrument pesait une tonne ! Gravir la montagne ne serait pas une partie de plaisir. Quant à le manier pour forer la roche, cela relevait du domaine de l'exploit : j'arrivais tout juste à le soulever et à le caler contre mon épaule !

Titubant sous la charge, je descendis la rue en direction de la maison de Mesto.

Le chef de chantier m'avait libéré aux premières palpitations de l'aube. Avant de m'expédier au magasin de fournitures, il m'avait tendu une galette que je m'étais empressé d'avaler. Rien à voir avec les petits déjeuners d'Horemheb. Dès que ce barbare avait eu le dos tourné, j'avais fait apparaître un sac de gâteaux au miel que j'avais fourré sous mon pagne. S'il comptait m'affamer, il se trompait lourdement. Je disposais de ressources inépuisables. À moi seul, je pouvais nourrir le village et tous ses habitants, pendant des années. Bien entendu, il n'était pas question d'avouer que je détenais ce pouvoir. Dieu sait comment aurait réagi mon tortionnaire ! En route, je m'étais gavé de pâtisseries et c'est la bouche pleine que j'avais abordé le scribe éberlué par mon appétit.

« Gamin ! »

Toutou se tenait sur le seuil de sa maison. Son visage épanoui me rasséréna. J'avais un ami dans la place.

« La nuit n'a pas été trop rude ? » demanda-t-il, comme il m'invitait dans une pièce semblable en tout point à celle de Mesto. Le divan de briques était recouvert de la même natte et les murs enduits du même crépi. Pourtant, une propreté irréprochable distinguait la demeure de l'ouvrier. Ici, on faisait la chasse au moindre grain de poussière. Une plinthe blanche courait le long des cloisons afin que l'on repère les scorpions et autres bêtes venimeuses susceptibles de s'introduire dans le foyer.

Grâce à la magie, je regarnis mon sac de sucreries et l'offrit à Toutou. Le bonhomme frétilla de bonheur devant cette manne inespérée.

« Ce sont les restes de mon petit déjeuner, expliquai-je. Mesto s'est montré généreux. »

Toutou accusa cette remarque avec perplexité. Une

telle bonté était en désaccord avec la réputation du dirigeant de la communauté. Trop heureux pour démêler l'exactitude de mes dires, il appela sa femme. Une brune maigrelette s'afficha dans l'encadrement de la porte, un fer à friser fiché dans une perruque en laine de mouton. Elle était vêtue d'un vaste rectangle de tissu, noué sur la poitrine. Mon cadeau me fit recevoir à l'égal d'un seigneur. L'épouse de Toutou voulut absolument répandre un cône de graisse parfumée sur mes cheveux. Nous passâmes ensuite dans une autre pièce pourvue d'une colonne centrale et dont le sol était rouge. Puis venaient le gynécée, où couchait la maîtresse de maison, et enfin la cuisine. L'ingéniosité du système de rangement me surprit. On avait substitué des filets aux placards. Assiettes, coupes, terrines, flacons et pots étaient suspendus en hauteur, dégageant l'espace occupé par un four à pain. La plupart de ces objets étaient ébréchés, mais, ici encore, le soin apporté à leur conservation trahissait la minutieuse économie du ménage. Nous empruntâmes un escalier jusqu'à une terrasse que Toutou et sa femme avaient tendue de nattes de joncs. Ils distribuèrent les gâteaux et insistèrent pour que je me désaltère à grand renfort de bière. Le souvenir des domestiques dans la brasserie d'Horemheb m'incitait à refuser, mais je compris que je vexerais ces braves gens. Bien m'en prit, la boisson était excellente, fraîche et d'un goût plus suave que je ne l'aurais cru. Mes parents auraient grincé des dents s'ils m'avaient vu boire de l'alcool et je ne pouvais leur donner entièrement tort car j'étais un peu pompette quand Toutou me suggéra de venir participer à la récolte des dattes en dehors du village. Le pas mal assuré, je le suivis jusqu'à la colline où nous nous étions rencontrés la veille. Des hommes et des femmes tenaient en laisse des singes de petite taille qui grimpaient jusqu'aux grappes qu'ils jetaient à terre. Il suffisait alors de se baisser pour ramasser les fruits juteux et collants. J'apportai mon aide aux cueilleurs une heure durant. Puis je m'allongeai en retrait, ivre de soleil et de bière.

« L'équipe gauche ne se mettra pas en route avant la tombée de la nuit, m'expliqua Toutou avant de recracher un noyau et de s'asseoir. Notre village se sépare en deux groupes, selon le côté de la rue où se situent nos maisons. Ceux de droite sont partis il y a dix jours. C'est à notre tour d'assurer la relève. Mesto nous conduira jusqu'aux nécropoles royales.

– Nous resterons dans la montagne dix jours ! » m'écriai-je, affolé par ce délai qui m'éloignait de Néfer. Tooloo risquait de perdre ma trace et je n'avais aucun moyen de l'avertir.

Mon compagnon acquiesça et s'étendit en soupirant. Il n'avait pas les mêmes raisons que moi de paniquer. Bientôt, un ronflement puissant naquit de sa poitrine. J'enviais la résignation de Toutou. Par certains aspects, elle ressemblait presque à de la sagesse. Cet homme bon se contentait de ce que lui offrait la vie. Il avait mesuré les contraintes et les avantages de sa condition et s'en accommodait.

Totalement dégrisé par ce que je venais d'apprendre, je me levai et arpentai le sentier. Ne pas céder à l'angoisse, me répétais-je sans cesse. À chaque mal son remède. Cette expression me fit sourire car mon père l'employait souvent, précisément lorsqu'il ne savait plus où donner de la tête. Et soudain ce fut l'illumination. Comment n'y avais-je pas songé plus tôt ? Lors de mon excursion en Chine, le gardien de la Porte m'avait révélé le lien mental qui m'unissait à Tooloo. Il est vrai que c'était l'unique fois où j'avais usé de la télépathie, mais rien ne m'interdisait d'y avoir recours à nouveau. Je fermai les paupières. L'image de mon aiglon s'imposa. Je sentis peu à peu les grésillements de sa cervelle. Il parut s'offusquer de cette intervention, lutta pour repousser la présence étrangère. Enfin, un déclic se produisit : le petit rapace réalisait que je tentais d'établir un contact. Je lui demandai de me rejoindre au plus vite.

Dix minutes plus tard, Tooloo se posait sur un rocher, face à moi.

« J'aimerais assez que tu renonces à ce procédé indélicat, ronchonna l'animal. C'est très perturbant d'entendre une voix dans son crâne au moment où on ne s'y attend pas. Quel manque de courtoisie ! J'étais fort occupé. »

J'allais lui clouer le bec quand j'aperçus une forme familière en train de ramper dans un buisson. Intrigué, je n'écoutai pas les plaintes de mon compagnon. Les feuillages ne bougeaient plus. Pourtant je ne n'étais pas trompé, une masse se recroquevillait à l'abri des épineux. Devant mon mutisme, Tooloo se radoucit.

« D'accord, je piquais un petit somme. J'étais même en train de rêver que j'étais pharaon, jacassait-il, inconscient du danger. La foule s'inclinait sur mon passage. On m'adorait tel un dieu. Tu admettras qu'il était peu amical de m'arracher à ces délices. »

Démon jaillit, les griffes tendues, la gueule ouverte, prêt à tuer.

Sans réfléchir, je tendis le bras.

Un flux d'énergie parcourut mon corps et frappa le félin à l'instant même où il s'abattait sur mon aiglon. La décharge le foudroya. Il jeta un miaulement perçant, ses poils se hérissèrent et il s'écrasa à deux centimètres de Tooloo comme s'il venait de heurter une muraille invisible.

« Je crois que je vais tomber dans les pommes », souffla mon ami d'une voix presque inaudible.

Je courus le soutenir. Son cœur cognait sous ses plumes tandis que son bec claquait en un tremblement convulsif. Il n'avait plus du tout la prestance d'un souverain d'Égypte. Je dois reconnaître que la sueur inondait mon dos. Nous l'avions échappé belle !

Je recouvrai finalement mes esprits et, l'œil rivé sur le chat étalé comme une carpette, résumai la situation. Tooloo me promit d'avertir Néfer. Il s'engagea aussi à me rendre une visite quotidienne au campement des ouvriers, quelle que soit la distance à parcourir. Il m'était tellement reconnaissant qu'il ne mettait plus de bornes à son dévouement. Ce revirement ne durerait guère, je connaissais suffisamment le caractère de l'oiseau pour ne pas être dupe. Mais, puisqu'il était sain et sauf, je n'étais pas fâché de la leçon qu'il venait de recevoir. Ses adieux ne furent jamais aussi tendres.

J'emportai Démon qui commençait à se réveiller. Toutou fouinait entre les palmiers à la recherche des dernières dattes. La bouche pleine, il s'élança vers moi.

« Tu l'as retrouvé ! Et il se laisse prendre dans les bras ! Cet animal est imprévisible. Dès que ma femme essaie de le caresser, il la récompense d'une estafilade. Méfie-toi, il pourrait te crever les yeux. »

Démon bondit hors de ma portée et se blottit contre son propriétaire ébahi. Le matou se frotta aux jambes de Toutou en ronronnant. L'ouvrier lui pinça la peau du cou et l'éleva jusqu'à son visage. Loin de se rebeller, le chat entreprit de lécher la main de son protecteur.

« C'est un miracle ! »

Oui, d'une certaine façon, on pouvait appeler ça comme ça.

# 20

**DEPUIS TROIS JOURS**, je suais sang et eau à transporter des paniers de gravats que les travailleurs arrachaient aux profondeurs de la montagne. Nous quittions les huttes dont m'avait parlé Toutou bien avant l'aube, longions la crête pour accéder à une entaille rocheuse dont la pente traîtresse nous menait jusqu'au chantier. Là, notre équipe se divisait en deux. Les maçons allaient extraire des blocs afin d'aménager une nouvelle sépulture, tandis que les peintres s'attelaient à la décoration d'une plus ancienne qui servirait de tombeau à Ay. Nous avions désormais pénétré dans un lieu sacré, interdit à tous : le cimetière des souverains de l'empire. Tout autour de nous reposaient les momies de ceux que le peuple considérait comme des dieux. Œuvrer dans cet endroit était un privilège. Un privilège terrible qui se payait par un isolement farouche. Aucun homme ne devait révéler les secrets enfouis dans les caveaux royaux. La connaissance de leur emplacement, ainsi que des pièges inventés pour détourner les pilleurs de leur but, appartenait à la population de Deir el-Medineh. À cause de cela, elle vivait en prisonnière, jusqu'à ce que la mort scelle définitivement les lèvres. Et le labeur était harassant. Tous les muscles de mon corps criaient fatigue. Mille fois je fus sur le point d'abandonner, de me sauver dans le désert de feu qui nous environnait. Alors, le regard acéré de Mesto tombait sur moi, comme s'il lisait au tréfonds de mon âme. Et je continuais à soulever les couffins remplis à ras bord. Le soir venu, je n'avais même plus la force de parler à Tooloo. Mon aiglon, fidèle à sa promesse, guettait mon apparition, camouflé sous un éboulis. Mais je me contentais de lui adresser un rapide salut de la main avant de m'écrouler sur ma natte.

Ce soir-là, pourtant, je fus contraint de veiller. Mesto avait exigé ma présence dans sa hutte. Je bredouillai un « bonsoir » épuisé, priant afin que cette entrevue ne m'amène pas un surcroît de travail. Peut-être avais-je commis une faute et se préparait-il à me punir ? Un sourire de hyène se dessinait sur le visage du contremaître.

« Assieds-toi, nous avons à discuter d'une affaire sérieuse », dit-il d'un ton chargé de menaces.

J'obéis. Avais-je une autre solution ?

Mesto se versa une coupe de vin et la savoura à longs traits. Il prenait tout son temps, sûr de son pouvoir.

« La veille de notre départ, pendant que tu t'amusais à collecter des fruits, j'ai envoyé le portier à Thèbes. Il n'a pas perdu sa journée. La cité grouille de rumeurs. En s'attablant dans le premier estaminet venu, on obtient tous les renseignements souhaitables. »

Je blêmis. Impossible de détacher mes yeux de cet homme dont la perfidie éclatait au grand jour. La cadence de mon cœur s'accéléra. Je m'efforçai de ne rien montrer de ma peur, mais c'était peine perdue, Mesto me tenait dans les mailles de son filet. Je le revis comploter avec le portier, le soir de mon arrivée. Ainsi, il avait mijoté son plan dès la première minute.

« La ville est en émoi, reprit mon interlocuteur. Les patrouilles fouillent les établissements publics. Les policiers interpellent dans la rue les enfants de douze à quatorze ans et les soumettent à des interrogatoires serrés. On recherche deux adolescents. Une fille et un garçon. Le portier a glané leur description. Les portraits sont plutôt précis. »

C'était insupportable. Pourquoi Mesto en restait-il aux sous-entendus ? Puisqu'il avait découvert le pot aux roses, autant formuler une accusation directe. Ce jeu du chat et de la souris devenait par trop agaçant. J'immobilisai ma main qui machinalement tortillait mon pagne.

« Imaginons que je sache où se cache l'un des fugitifs, insinua le chef de chantier dont la bouche se tordit en une grimace haineuse. Horemheb est prêt à payer une forte récompense. Mon devoir n'est-il pas d'aider le prochain pharaon ? Mon devoir et mon intérêt. »

Il récupéra sa coupe, inclina la jarre de vin. Le tintement des récipients qui s'entrechoquèrent me fit sursauter.

« Mon silence fait de moi le complice de ce criminel. »

Où voulait-il en venir ? Pourquoi ne m'avait-il pas dénoncé sur-le-champ ? Sa fortune était faite.

« Succulent ! apprécia Mesto en faisant rouler le liquide dans son palais. Tu es sûr de ne pas vouloir te rafraîchir ? C'est une cuvée royale. Elle date du règne de Toutankhamon. »

Comment s'était-il procuré une boisson aussi rare ? Je refusai d'un mouvement de tête.

Soudain l'expression du contremaître changea. Sa cruauté se révéla sans artifice. C'était comme s'il venait de tomber un masque. Je compris qu'il n'hésiterait pas à se débarrasser de moi pour peu que je ne lui obéisse pas au doigt et à l'œil. Il maquillerait ma mort en accident, sous prétexte d'un glissement de terrain ou d'une manœuvre maladroite et laisserait mon cadavre se dessécher dans la terre aride. Ce genre de drame était fréquent. Personne ne vérifierait les dires du responsable. Des gouttes de sueur trempèrent ma peau.

« Il y a plus gros à gagner que l'or offert par Horemheb. Si tu es docile, tu récolteras ta part. De quoi vivre à l'abri du besoin, dans une de ces villas dont les parcs regorgent d'essences précieuses, parmi des bassins tapissés de lotus et des kiosques à musique. Naturellement, il faudra s'expatrier vers Memphis ou plus au nord, dans la région du delta. Là-bas, personne ne te questionnera sur l'origine de ta richesse. Mais avant de mener cette existence de vizir, encore faut-il la mériter. »

Voilà, nous arrivions au moment crucial, j'allais enfin comprendre où il voulait en venir. Effrayé par ce que j'allais découvrir, j'étais suspendu aux lèvres de mon interlocuteur.

« Nous allons vider la tombe de Toutankhamon. »

Profaner une sépulture, rien de moins ! De surcroît, celle de Toutankhamon. Bravo ! Nous ne risquions que d'avoir la tête tranchée. Un projet de cette envergure nécessitait une préparation minutieuse et de multiples accointances. Sans doute Mesto avait-il appâté certains ouvriers, en leur faisant miroiter une oisiveté luxueuse, exempte de tout travail. Je comprenais d'ailleurs très bien que la droiture de ces hommes exténués puisse fléchir devant un tel fantasme. Le chef de chantier avait eu tout le loisir de sélectionner les plus aigris, les plus minés par la pauvreté et d'influencer peu à peu leur conscience. Son rôle à Deir el-Medineh lui donnait d'ailleurs accès à tous les foyers, il connaissait les tracas de chaque habitant, décidait des promotions, de la répartition des vivres, de l'eau... Comment résister à de telles pressions ? Avec effroi, je songeai que Toutou appartenait peut-être aux rangs de ces renégats. Qui sait si les soucis journaliers n'avaient pas eu raison de son intégrité ? J'avais tant de fois fait erreur en jugeant autrui que le soupçon se glissa dans mon esprit.

« Entre le mobilier, les bijoux et les divers objets précieux, poursuivait l'homme au visage de fouine, cela va rapporter gros. Seulement, si nous voulons réussir sans attirer les gardes, il va falloir agir de nuit et le plus vite possible. Mes hommes ont déjà percé la galerie qui mène à l'antichambre. Nous pouvons nous charger des premières salles. Mais les plus belles pièces du trésor sont entassées plus profondément. Des portes de pierre bloquent le passage. Pour que le ratissage soit achevé avant l'aube, nous devrons nous contenter d'y dégager de petites ouvertures au lieu de les abattre. Tu es menu. Tu te faufileras aisément... »

Ainsi, c'était ma corpulence qui avait retenu l'attention du chef de chantier. Il avait besoin d'un enfant pour subtiliser un maximum de pièces à marchander. Je réfléchis aux conséquences à plus long terme de ce pillage. Carter, le célèbre égyptologue, ne désensablerait qu'un caveau dépouillé, comme tant d'autres ; les scientifiques perdraient une masse de renseignements considérable concernant les coutumes des pharaons ; les historiens ne combleraient pas leur ignorance sur cette période ; M. Focil raterait ses vacances puisqu'il ne filmerait pas les merveilles du jeune fils d'Horus ; l'année scolaire des cinquième C s'achèverait sur un cours rébarbatif puisqu'il n'y aurait pas de cassettes vidéo à visionner... Avais-je le droit de gâcher les dernières heures au collège de mes camarades ?

C'est alors que le résultat ultime de ce vol m'apparut. Ni Alice ni moi ne pourrions nous éclipser de la salle de classe. Pas question donc de nous faire pincer par Virulos. La profanation, acte criminel en soi, bouleversait entièrement le futur. Peut-être qu'en l'accomplissant je briserais les maillons du temps ? Peut-être que mon intrusion en Égypte n'aurait pas lieu ? Peut-être même ne serais-je plus là, dans la Vallée des Rois, prêt à commettre ce forfait, mais déjà anéanti par Mordom Horpilleur ? C'était un casse-tête inhumain. Ce dont j'étais certain, c'était que mon être se hérissait devant un aussi noir dessein.

« Non, non et non ! Je ne permettrai pas à Mesto de dépouiller un mort », fulminais-je, de retour sur le sentier qui serpentait entre les blocs monumentaux. Ils figuraient les carcasses disloquées de géants d'une autre ère. Dans ce décor de fin du monde, ma fragilité s'amplifiait. J'étais sans défense, à la merci des forces tapies dans cette nuit désolée. Les montagnes barraient le ciel noir. Je les voyais s'incliner vers moi, prêtes à m'ensevelir dans un fracas de tonnerre. Pourtant la nappe stagnante du silence suspendait la catastrophe. Mon être entier se révulsait : c'était odieux, je n'oserais plus jamais me regarder dans un miroir. Plutôt périr que céder à la menace.

Bien sûr, c'était une position facile à adopter tant qu'elle demeurait hypothétique. Une fois le couteau sur la gorge, descendu dans la chambre funèbre avec les pilleurs, je la réviserais peut-être. De toute façon, j'en avais assez de me laisser dériver au gré des événements sans jamais tenir la barre. Depuis des semaines, je subissais les assauts des circonstances, incapable de tracer ma propre voie dans cet imbroglio. Je m'étais courbé devant la sentence du gardien de la Porte, nié pour que prime la volonté d'Horemheb, liquéfié au moindre soupir de Néfer et désormais je pliais face à cette crapule de Mesto. Ce n'était pas digne de l'éducation que j'avais reçue. Max m'avait enseigné la responsabilité. « Quel que soit ton choix, veille à ce qu'il soit tien. Ainsi, si tu as à t'en mordre les doigts, la morsure sera moins douloureuse », martelait mon professeur. Ma passivité n'avait d'ailleurs porté aucun fruit. Tout allait de mal en pis. J'étais résolu à reprendre les rênes.

J'appartenais à la lignée des Fairystorm, de nobles sorciers qui, de génération en génération, défendaient farouchement un idéal. Il ne serait pas dit que le dernier rejeton de la famille faillirait. Je le devais à mes ancêtres, Louis Cox, mon grand-père, en tête de liste. Il avait donné sa vie dans la lutte contre les forces du mal, s'était sacrifié afin que reculent l'injustice et la violence. Or, le projet du chef de chantier s'avérait d'une barbarie sans nom.

La rage me fouettait le sang. Rage contre les individus dénués de scrupule qui pourrissaient le monde, rage envers moi-même et mon attitude de pleutre.

D'accord, je n'étais qu'un gamin que chacun croyait pouvoir abuser, mais il suffit parfois d'un grain de sable pour que le mécanisme s'enraye.

Au lieu d'aller dormir en vue de restaurer les maigres forces que me laissaient les journées de travail, je partis à la recherche de Tooloo. Demain il ne faudrait pas compter déjouer la surveillance de Mesto. Pour l'heure, le bandit s'enivrait dans sa hutte. Il m'imaginait à bout de ressources, ébloui par les monts et merveilles qu'il s'était complu à décrire. C'était me sous-estimer. Je saurais profiter de ce laps de temps pour ruiner ses plans et triompher de sa morgue.

Mon rapace ne paraissait pas m'avoir attendu. Comment lui en vouloir ? Voilà trois jours que je le dédaignais. À tire-d'aile, Tooloo s'était replié vers le fleuve. J'étais trop exténué et trop chamboulé pour exercer mes facultés de télépathe. Perdu dans cette immensité hostile, je m'abandonnai au désespoir.

« Je commençais à croire que l'amitié n'avait plus aucune valeur à tes yeux ! »

Mon aiglon se tenait à deux mètres de moi, le plumage fondu dans les reflets du clair de lune. Je l'étreignis ardemment. Serrer contre mon cœur sa petite vie palpitante m'inonda de joie.

« Tout va bien, chuchota l'oiseau, je suis là. »

Je n'avais pas eu besoin de parler, il avait senti ma détresse et, immédiatement, avait abandonné son ironie. Je refoulai mes larmes et me lançai dans une narration succincte du complot orchestré par Mesto. Tooloo en resta pantois. Ses pupilles dorées se dilatèrent sous l'effet de la surprise.

« D'après ce que tu dis, le pillage est prévu pour la nuit prochaine. Nous disposons donc de la journée pour contrecarrer les projets de cet immonde personnage. »

Il enfouit son bec dans son poitrail, là où ses plumes

prenaient la nuance de l'ivoire. Indice d'une cogitation intense, cette posture l'obligeait à se contorsionner d'une manière un peu ridicule. Mais la situation ne se prêtait pas à la plaisanterie.

« Je vole avertir Néfer, proféra le volatile en s'ébrouant. Coûte que coûte, elle devra gagner Horemheb à notre cause. Le général dispose d'un régiment. Il est le seul en mesure de stopper les manigances de Mesto. Après tout, la parole de sa fille adoptive vaut bien celle d'un grand prêtre. Quel père ordonnerait l'exécution de son enfant sans lui accorder au moins un entretien ? Néfer le fléchira. S'il prend le temps de l'écouter, il se rangera à ses arguments. C'est notre va-tout. Toi, tu mimes la soumission. Courbettes, ronds de jambes et toute la panoplie du parfait fielleux. Traînasse, accumule les maladresses. Nous nous lançons dans une course contre la montre. Le chrono est notre ennemi, mais nous en avons connu de plus rétifs. » Son regard plongea dans le mien : « Ce n'est pas le moment de flancher. »

# 21

**Je ne lâchai** la corde qu'une fois assuré d'avoir touché le sol. Sous mes pieds crissait de la terre mêlée à des cailloux. Les hommes de Mesto avaient percé un tunnel jusqu'à ce couloir légèrement en pente où brûlaient maintenant des torches. J'y tenais debout, car le plafond, par lequel je venais d'entrer, s'élevait à deux mètres de hauteur. Face à moi, une porte aux sceaux brisés s'ouvrait sur une antichambre. Des exclamations étouffées fusaient, que l'écho faisait ricocher. On eût dit des ululements de spectres. Ce boyau enterré baignait dans une chaleur moite. L'air collait à la peau, plaquait un bâillon sur la bouche. Il fallait s'habituer au manque d'oxygène, ne pas s'affoler quand, malgré les efforts pour remplir sa cage thoracique, on se sentait suffoquer. J'avançai, l'esprit aux aguets, réticent à l'idée de fouler ce lieu morbide mais curieux d'admirer les monceaux d'or et de pierreries qu'avait évoqués M. Focil. Soudain, la gueule d'un crocodile jaillit des ténèbres. De ses mâchoires béantes pendait une langue rouge. Les crocs, aussi tranchants que des lames de rasoir, capturaient les reflets des lampes à huile sur leur ivoire. Je tressaillis, sûr de me faire hacher menu, lorsqu'un voleur flatta le crâne de l'animal. Je réalisai alors que j'avais affaire à une sculpture servant de support à un lit. J'en découvrai alors bien d'autres, alignées à la queue leu leu. D'un côté des lions exposaient leur crinière, de l'autre des vaches soutenaient entre leurs cornes un disque solaire, mais tous conservaient une raideur hiératique, indifférents à l'agitation alentour.

Le trésor réparti dans cette première pièce m'époustoufla. Non seulement par son étendue, mais aussi par l'exquise facture de chaque objet. Les meilleurs artisans avaient été mis à contribution. Orfèvres, menuisiers, sculpteurs, ébénistes, joailliers avaient produit des merveilles, repoussant les limites de leur art. Les voleurs zigzaguaient entre des chars démantelés, des coffres incrustés, des vases d'albâtre, des chaises ouvragées et un trône serti de joyaux. Ces intrus éventraient les délicates reliques comme s'il s'était agi de vulgaires boîtes. De leurs doigts avides, ils chiffonnaient les étoffes royales, jetaient les bouquets de fleurs séchées qui s'effritaient avec des crissements ténus. Mesto avait donné des directives d'une redoutable efficacité. S'en tenir aux pièces transportables. Bagues, bracelets, colliers, pectoraux, broches, boucles d'oreilles furent les premiers à disparaître dans les sacs, bientôt suivis d'une multitude de statuettes en métal précieux. Les pilleurs ne savaient où donner de la tête. Éventails de plumes d'autruche, coffrets de jeux en marqueterie, dagues à fourreau, cannes suivirent le même chemin.

« Tu n'es pas ici pour rêvasser ! » tonna une voix crispée par l'irritation.

Mesto se campait à l'autre extrémité de la salle. Son œil acéré enregistrait les allées et venues, bien que lui-même ne participât guère à cette mise à sac. Quand je fus à sa portée, il m'empoigna par les cheveux : « Glisse-toi dans ce trou. Derrière se trouvent la chambre funéraire et la momie du pharaon. Rafle toutes les amulettes que tu trouveras. Les mages en sont friands. Ils prétendent qu'elles possèdent des pouvoirs surnaturels indispensables à la confection de certains envoûtements. J'en tirerai un excellent prix.

– Quelles amulettes ? » demandai-je, surmontant la douleur qui m'irradiait. Je craignis que mon ignorance ne guide le chef de chantier sur la voie de mon identité. Heureusement, obnubilé par l'appât du gain, il énuméra : « Le pilier Djed, les fétiches d'Osiris et d'Isis, le scarabée, la croix Ankh, le cœur, l'équerre, la double plume et surtout l'œil Oudjat qui est censé guérir les maladies. Les embaumeurs le placent à l'endroit où ils incisent le corps pour vider les viscères. Ce gri-gri est censé refermer la plaie et permettre la réincarnation du pharaon dans l'au-delà. »

Ce fut comme une déflagration dans mon cerveau. Un œil Oudjat ! J'eus la sensation que tout mon sang quittait mes veines. Par le plus grand des hasards, je tombais sur le but de ma mission. Il y avait de quoi éclater de rire. Alors que je ne savais même pas ce qu'il fallait que je cherche, que j'ignorais la signification des mots crachés par le gardien de la Porte, mes aventures m'amenaient tout droit vers la solution ! L'œil Oudjat reposait à quelques mètres de moi. Et Mesto, en quelques phrases, m'avait appris l'essentiel. C'était donc un talisman qu'on insérait dans les bandelettes de la momie. Je ne manquai pas de souligner l'ironie du destin. Le gardien ne visait qu'à me coincer en suggérant une tâche impossible, et voilà qu'une fripouille balayait toutes les difficultés, à son insu !

Je me libérai de l'emprise de Mesto, abasourdi par mon brusque empressement, et, à quatre pattes, m'enfonçai dans le cœur du tombeau.

Mon crâne cogna une surface solide. Le choc fut si violent qu'il m'ébranla. J'en vis trente-six chandelles. Je me frictionnai le cuir chevelu en maudissant ma hâte qui me valait une superbe bosse. Je pouvais presque la sentir pousser. À peine remis, je levai les yeux...

Ma mâchoire inférieure se décrocha. Je me trouvais le nez collé à un mur d'or massif. Il grimpait jusqu'au plafond. Il me fallut singer les acrobaties d'un gymnaste olympique pour me remettre debout. Plaqué contre la cloison, j'avais tout juste l'espace nécessaire.

« Tu dois voir la chapelle, criait Mesto, c'est une sorte de coffre de bois recouvert de feuilles d'or. Elle en contient d'autres, de plus en plus petites, jusqu'au sarcophage. Trouve l'entrée, démonte les panneaux. Peu importe les dégâts. Il faut atteindre le cadavre et arracher ses bandelettes. »

Un système semblable à celui des poupées russes protégeait la momie. Comment démonter ces emballages successifs ? Mes mains parcouraient les montants. J'étais pris d'une frénésie qu'exacerbaient encore les injonctions du brigand. Je cognais, griffais, tambourinais. Ma peau s'écorchait mais j'étais insensible à la souffrance. J'atteindrais la dépouille ratatinée de Toutankhamon, je lacérerais le lin, même si je m'entaillais la chair jusqu'aux os.

Tout à coup, je pris conscience de ce que j'étais en train de faire. Ce fut une douche glacée. Moi aussi je perdais la tête. L'idée de m'emparer de l'œil avait tout brouillé dans mon esprit. Une obsession. Le tourbillon de la folie m'avait dévasté. Adieu beaux principes, idéal, appartenance à la lignée des Fairystorm ! Je devenais aussi vil et haïssable que Mesto. Moi aussi je troquais ce que j'avais de plus cher contre la possession d'un objet volé. Préoccupé de mon seul sort, j'avais envisagé de fouiller un mort. Je me fis horreur.

Pourtant, comment trancher un tel dilemme ? Car si je refusais de dérober l'œil Oudjat, je m'interdisais de retourner chez moi. Plus jamais je ne reverrais tante Anna, Max et mes parents. Une pointe me déchira le cœur. Étais-je capable de renoncer aux miens, à ma famille ? Voilà ! J'en étais au moment fatidique du choix. Je suppliai le ciel qu'Horemheb et ses soldats interviennent, coupant court à mes hésitations. Mais je savais aussi que leur arrivée ne résoudrait rien. Aucun homme normalement constitué ne pouvait me rejoindre, l'ouverture taillée dans la porte étant trop étroite. L'élargir demanderait du temps, un temps que je pouvais mettre à profit pour réaliser le vol. J'étais seul dans la chambre funèbre, seul avec ma conscience.

D'un côté, j'étais quasi certain de l'impunité. Je raflais l'amulette, gardais le silence, la présentais au gardien de la Porte qui me réexpédiait chez moi. Je triomphais donc, accédais au degré supérieur de la magie et quittais ce pays périlleux, sain et sauf. De l'autre... De l'autre il n'y avait aucun avantage. Si ce n'était l'amour de Néfer. Je passerais ma vie auprès d'elle. Enfin, dans le meilleur des cas, c'est-à-dire si elle ne me rejetait pas. Un triste sourire se dessina sur mon visage.

J'entendais les exhortations de Mesto qui s'impatientait derrière la cloison. Il était au comble de la fureur, s'interrogeant sur mon silence.

« Tom Cox, l'apprenti sorcier déchu, le renégat », me répétait une voix lancinante.

Non, si fort que soit mon désir de rentrer à la maison, je ne commettrais pas de crime. Le pharaon avait droit à la sérénité. Et s'il fallait conquérir Néfer, ce serait sans tricher, honnêtement.

Anéanti par ma décision, je me collai contre la cloison, me bouchant les oreilles afin de ne plus entendre les hurlements de Mesto. Bientôt, il obligerait un de ses acolytes à défoncer la porte. Quand le passage serait dégagé je tomberais entre ses griffes. Alors je ne donnais pas cher de ma peau...

Pourquoi Horemheb tardait-il tant ?

# 22

**Les bruits avaient cessé.** Les pilleurs avaient-ils détalé sans se soucier de mon sort ? Vu la hargne du contremaître, cette solution me paraissait invraisemblable. Je me risquai jusqu'à l'ouverture. Les rubans orangés sortis des lampes ondulaient et leur danse fantasque transformait l'espace à présent désert du caveau. Je m'extirpai avec peine de la chambre funéraire. En dehors du saccage opéré par les voleurs, je ne décelai aucune présence humaine. Mes poils se hérissèrent : peut-être Mesto avait-il décidé de combler le tunnel, me condamnant ainsi à une fin atroce ? Muré sous des tonnes de pierres, j'attendrais que la mort fasse son œuvre. Lentement l'air se raréfierait ou je succomberais à la soif, dans d'indicibles souffrances ! Quel malheur que mon énergie mentale soit si limitée. Un sorcier plus expérimenté se serait téléporté à l'extérieur ou, d'un afflux brutal de fluide, aurait pulvérisé les couches de gravats empilées sur sa tête.

Un raclement de sandales résonna, en provenance du couloir. Je cherchai une cachette où me dissimuler. Appuyé contre le mur, un bouclier tendu d'une fourrure de zèbre m'offrait sa protection. Hélas, dans ma hâte, je le bousculai. Il s'effondra avec un claquement sinistre. Il ne me restait plus qu'à faire volte-face. Au moins défendrais-je chèrement ma vie.

Mesto, tel un pantin désarticulé, émergeait de la bouche d'ombre. Ses épaules voûtées et son regard fixe me clouèrent sur place. Il tituba et finit par s'adosser contre une sentinelle de marbre. La statue représentait un guerrier nubien qui montait la garde, lance au poing. Les traits du voleur se convulsèrent. Je redoutais les conséquences de l'horrible tempête qui le secouait. Je me préparai au pire, tendant les mains dans l'espoir de lui lancer un sortilège, si jamais le chef de chantier montrait des signes d'hostilité. Mais il ne bougeait pas.

« Réglons nos comptes ! »

Horemheb nous avait rejoints. Jamais sa stature ne m'avait semblé aussi impressionnante. Il dépassait Mesto d'une bonne tête, alors que le brigand dominait la plupart de ses semblables. À qui s'adressait l'injonction ? J'aurais voulu me transformer en barreau de lit et passer inaperçu, plutôt que d'affronter la colère du général.

« Mes soldats ont ligoté tous tes hommes, affirma Horemheb sur un ton cassant. Je viens t'arrêter en personne. Vous serez jugés dès demain. J'en fais le serment sur le fils d'Horus qui repose ici même et que tu as osé profaner. Crains le courroux des dieux plus encore que le mien. Bientôt ta tête se balancera en haut des murailles de la Ville aux cent portes. »

Une secousse ébranla le coupable. Je le vis s'animer. Une rougeur pigmenta ses joues. Ses prunelles pétillaient de haine.

« Tu oublies que ni Ay ni toi ne pouvez rien contre moi, grinça-t-il. Si tu me livres aux juges, ma langue se déliera. Avant qu'on ne me décapite, je révélerai le nom des assassins de Toutankhamon. Je n'étais qu'un homme de main, un simple exécutant dans ce crime. Et si j'ai attenté au repos du pharaon défunt, d'autres, à ma place, ont fomenté sa disparition. »

Ouille ! Cette révélation ne me plaisait pas du tout. Il y a des secrets qu'il vaut mieux ignorer. Ainsi Toutankhamon avait été assassiné ! L'énigme de sa mort était en partie résolue. Il n'avait pas succombé à la maladie. M. Focil aurait été ravi d'apprendre de la bouche même du meurtrier comment s'étaient déroulés les faits. Quant à moi, je ne piaffais pas de joie, car j'étais devenu un témoin fort gênant.

« Ay vient de s'éteindre, articula nettement Horemheb dont le regard d'acier toisait son adversaire. L'Égypte n'a plus de souverain. Toutefois je suis sûr d'accéder au trône. L'arrestation d'une bande de pillards me rend service au-delà de mes espérances. Cet exploit annulera l'effet négatif engendré par l'interruption de la cérémonie de couronnement. Le peuple acclamera un roi défenseur des frontières contre les invasions étrangères et garant des traditions nationales. Songe que tu t'adresses au futur pharaon de la Terre noire. »

Mesto réprima un hoquet. Ses doigts se refermèrent sur la lance de bronze que pointait la statue.

« Ay était un criminel, cracha le chef de chantier. C'est lui qui a conçu le piège dans lequel a péri Toutankhamon. Souviens-toi de ce jour néfaste. Le jeune homme avait parlé de son envie d'aller chasser le lion. Ay a autorisé son départ, et réduit son escorte à trois fidèles compagnons. Puis il m'a convoqué au palais. Le conseiller intime du roi enrageait. Il voyait approcher le temps de son renvoi. L'enfant roi devenait homme, bientôt il imposerait sa loi au pays. Ay serait relégué aux oubliettes d'un poste honorifique, dépourvu de pouvoirs. Il n'a pu supporter cette déchéance. Les années à la tête de l'empire l'avaient grisé. Il a conçu le meurtre. Un refus de ma part et j'engraissais les crocodiles. Mais Ay n'était pas seul à souhaiter ce crime. Un autre homme se tenait à ses côtés lors de l'entretien. Je n'ai pas oublié sa détermination et son regard cruel. C'était toi, Horemheb. Je t'accuse d'avoir comploté et fait exécuter Toutankhamon. »

Les mots emplissaient l'espace confiné. À bout de souffle, je dévisageai le général. J'espérais qu'il nierait, éclaterait de rire devant ces accusations. Mais il ne bronchait pas. Je me demandais même s'il avait entendu les phrases de Mesto.

« Tu n'as jamais cherché à savoir ce qui s'était passé ce matin-là dans le désert, continua le contremaître exalté. J'ai trouvé le jeune pharaon alors qu'il se lançait à la poursuite d'un lion. Lorsqu'il a vu nos chars qui se dirigeaient vers lui, il a ralenti sa course. Sans doute croyait-il à quelque message du palais. Ses trois amis sont tombés sous nos flèches en moins de temps qu'il n'en faut pour claquer des doigts. Toutankhamon était éberlué, sans réaction. L'impossible survenait et il refusait d'y croire. Jamais, dans l'histoire de l'Égypte, on n'avait attenté à la vie d'un fils d'Horus. J'ai pu m'approcher de lui, lever ma massue et le frapper à la nuque sans qu'il tente quoi que ce soit. C'était facile. Un jeu d'enfant. Il s'est affalé dans le sable. Nous l'avons laissé là, à la merci des chacals. Quand les soldats l'ont retrouvé, Ay a officiellement conclu à un accident de chasse. Nous étions trois à savoir la vérité. Ay, toi et moi. C'est ainsi que j'ai gagné ma place de chef de l'équipe de gauche à Deir el-Medineh. Bien peu en comparaison de ce qui vous a échu. Ay s'est fait couronner. Et toi tu es devenu général des armées. Crois-tu valoir mieux que moi ? Ta main n'a pas frappé, certes, mais ton cœur est coupable. Si tu avais pu voir le regard incrédule de ta victime, tu ne jouerais pas les redresseurs de tort. J'ai su me taire pendant quatre ans. Laisse-moi m'enfuir, je te promets le silence. »

Il me désigna d'un revers de main : « Je t'aiderai à te débarrasser du gamin. »

Exactement comme je l'avais prévu ! Tout retombait sur ma chétive personne. Moi qui ne demandais rien à personne, je me retrouvais au centre de l'affaire. Bon, pas de panique, m'ordonnai-je alors que mes genoux s'entrechoquaient.

« Tu as raison, répondit Horemheb. J'ai dressé les plans de ce crime avec Ay. J'étais jeune et ivre d'ambition à l'époque. Je n'ai pas frémi à l'idée de supprimer une vie. Aujourd'hui mon cœur saigne à l'idée de ce méfait. Tu ne me croiras pas. Peu importe. Mais je donnerais ma survie dans l'au-delà pour effacer cette tache. Et pour me racheter je ne reculerai pas : tu seras traîné devant les juges, Mesto. Raconte ce que bon te semble, je ferai face à mon destin. Je n'ai plus rien à voir avec le jeune présomptueux de jadis. Je ne souhaite que le bonheur du peuple et la prospérité du pays. Les dieux décideront. S'ils ne me pardonnent pas, tes révélations me condamneront. Sinon je me dévouerai pour que règne la justice. Agis selon ton âme. Mais sache que tu n'éviteras pas le tribunal. »

La scène qui suivit se déroula à la vitesse de l'éclair. Je n'eus pas le temps de réagir. Mesto s'était emparé de la lance de la statue. Il la brandit devant le général et je crus un instant qu'il allait le transpercer d'un coup fatal. Au dernier moment cependant, le contremaître retourna la lame contre lui-même et se l'enfonça profondément dans le ventre. Le sang gicla sur la terre bistre. Mesto s'affaissa dans un râle qui ne tarda pas à s'éteindre. Il avait rejoint le monde des morts où Anubis l'attendait, la balance à la main pour peser ses actions.

Je ne pouvais détacher mes yeux de ce spectacle

répugnant. La nausée me tordit l'estomac. J'entendis les pas d'Horemheb qui s'approchaient. Mon sauveur n'était qu'un assassin ! Maintenant que le principal accusateur était liquidé, il ne lui restait qu'à balayer l'unique témoin encore en vie. Car, de tous les complices du crime, seul Horemheb était désormais vivant. Je représentais une menace criante pour la tranquillité du futur souverain. Dire que Néfer croyait en cet homme !

# 23

« **NOUS DISCUTERONS PLUS TARD** », ordonna Horemheb.

Il n'avait pas perdu son aplomb et parlait avec sa fermeté caractéristique, sans trace d'émotion. Je tirai mon chapeau devant cet incroyable contrôle. Cependant je ne l'enviais pas. C'était la marque au fer rouge du remords, le résultat de ce passé odieux dont un pan venait de se soulever. Le général n'aurait peut-être pas assez de sa vie entière pour payer cette faute. Comme Mordom, il s'était fourvoyé hors du droit chemin. Ces hommes portaient sur leur chair le sceau de l'infamie. Bien sûr, Horemheb s'était ressaisi, il s'était chargé de Néfer et assurément ne trichait-il pas lorsqu'il prétendait ne vouloir que le bonheur de la population. Hélas, en dépit de ces bonnes actions, je ne pensais pas qu'il parvienne un jour à se pardonner.

« Laissons ce chien, dit-il en dédaignant le cadavre. Mes hommes s'en chargeront lorsqu'ils répareront les dommages causés au caveau. Il faudra veiller à ce que de nouvelles violations soient impossibles. Pour l'instant, nous devons filer chez les embaumeurs. Néfer a surpris d'étranges conversations. Elle les soupçonne de séquestrer la vieille femme que tu recherches. »

Cassandra ! Mon chef cuisinier préféré ! Si seulement il s'agissait bien de la dame de compagnie de ma tante... J'allais la revoir ! Ainsi, Mordom ne l'avait pas supprimée. Peut-être n'était-il même pas au courant de l'enlèvement perpétré par sa créature ?

Le général interrompit mes réflexions : « Si elle est retenue dans l'atelier, alors elle court un grave danger. Les ouvriers sont liés avec les prêtres du temple de Louxor. Or, Virulos a annoncé sa visite pour cette nuit. C'est du moins ce que croit avoir compris Néfer. Je vais te conduire là-bas. Avec mon char nous y serons très vite. J'ai, moi aussi, une vengeance à mener. »

Virulos savait que, en kidnappant un des membres de la maisonnée de tante Anna, il m'obligerait à me rendre en Égypte. L'angoisse me pousserait à accélérer ma préparation, voire à la négliger totalement. Ce calcul était loin d'être absurde. D'ailleurs, je m'étais empressé de faire ce qu'il souhaitait. J'avais franchi la deuxième Porte avec un si faible bagage de connaissances que mes chances de succès étaient réduites aux trois quarts. Il assurait donc ses arrières. Soit il parvenait à mettre la main sur moi à Paris, quand l'occasion se présenterait, soit il rattraperait sa tentative ratée sur la terre de Rê.

Voilà maintenant des semaines que Cassandra était captive de ce monstre ! Je formai mille vœux pour qu'elle ne porte pas les séquelles de cet emprisonnement. Je touchais au but. Il fallait la sauver à tout prix.

Nous enjambâmes divers objets déplacés par les

voleurs avant d'accéder au tunnel. Les torches avaient couvert d'une suie brune les parois du couloir. Horemheb me hissa jusqu'à la corde et appela ses soldats afin qu'ils m'aident dans mon escalade.

La tête me tournait quand j'atteignis l'air libre. Je sentis mon estomac chavirer et je ne pus me retenir de vomir. J'accusais ainsi le contrecoup des récents événements.

Je me redressai, mais le malaise persistait. Je dus puiser au plus profond de moi le courage de grimper sur le char d'Horemheb. Pourfendeur, l'étalon, raclait la rocaille de ses sabots et ses naseaux frémissaient d'impatience. Nous longeâmes la file des prisonniers entravés par une longue chaîne. Leurs rêves de richesse échouaient dans cette misérable procession. Je scrutai les visages au teint de cendre. Toutou ne faisait pas partie du groupe. L'honnête ouvrier n'avait pas été séduit par les discours trompeurs du chef de chantier. Je me promis de parler de lui au général. Peut-être pourrait-il le nommer à la tête de l'équipe de gauche ? Avec une telle recrue, la Vallée des Rois ne connaîtrait plus de troubles. Avant d'en arriver là, nous avions à remporter la dernière bataille.

Pourfendeur se cabra, et, sous l'impulsion de son maître, fendit les airs. Je m'agrippai au rebord du véhicule, fermant à demi les paupières sous la gifle du vent. La lune versait ses rayons de lumière froide, gommait les reliefs. Un monde stérile défilait, composé de collines de mercure et de prairies d'argent. Mes pensées vagabondèrent au rythme endiablé de la cavalcade. J'avais eu beaucoup de chance. Sans aucune enquête, j'étais tombé sur la planque des kidnappeurs. Si j'ajoutais à ça l'opportunité que j'avais eue d'obtenir l'œil Oudjat, je pouvais me considérer comme un petit veinard. Curieusement, ces cadeaux de la fortune s'étaient produits après que l'envie d'en découdre m'avait repris. Mais était-ce si curieux ? Max, lui, n'aurait pas été étonné. « C'est de la lutte que naissent les solutions. Et le destin n'est aveugle que pour ceux qui s'y soumettent. » Ces paroles confiées lors de nos après-midi d'étude sonnaient aujourd'hui avec une vérité accrue. Enfin, le plus dur m'attendait. Contre Virulos la chance seule ne suffisait pas.

L'écume moussait sur la crinière de Pourfendeur qui n'avait jamais si bien porté son nom : le cheval pénétrait la nuit comme une lame. Les muscles roulaient sur le dos d'Horemheb. Mon admiration avait cédé le pas à la tristesse. Je plaignais cette force de la nature, car, par-delà sa carapace d'airain, vibrait une détresse immense.

Un barrage de calcaire obstrua la montagne : le temple d'Hatchepsout. Quelle folie avait poussé la souveraine à bâtir un tel monument ? Le mausolée s'étageait sur trois niveaux, chacun aussi vaste que le Stade de France. Suspendu au flanc de la montagne, l'ouvrage semblait défier l'éternité. Le général m'arracha à ma contemplation : l'atelier des embaumeurs dressait ses murs décrépis.

Nous posâmes le pied à terre. La cour qui précédait le bâtiment paraissait déserte. Nous avançâmes, plus silencieux que des fantômes.

À peine avions-nous franchi la porte qu'une tornade de feu s'éleva. Les spirales dorées montaient jusqu'au ciel, se tordant dans un crépitement assourdissant. L'obstacle nous interdisait d'aller plus loin. Horemheb dégaina son épée. La manifestation magique augmenta d'intensité. Une silhouette ondoyante apparut alors : un homme traversait les flammes. Son corps, baigné par le brasier, semblait se distordre. Il émergea peu à peu de cette colonne incandescente. Sans la moindre brûlure, Virulos se planta devant nous. Les mains sur les hanches, il arborait un sourire triomphal. Une mèche de cheveux charbonneuse couvrait son front et sa cicatrice luisait en travers de son visage.

« J'ai un marché à te proposer, dit-il au général. Les sorciers africains de la reine Ti sont venus implorer mon aide. Dès qu'ils ont appris la mort du souverain, ils se sont enfuis du palais. Ils ont peur que le peuple ne les lynche. Comparée à la mienne, leur puissance est dérisoire, mais ils sont capables de te causer quelques désagréments. Cède-moi le garçon et ils sont à toi. J'ai brisé tous leurs charmes. Ils sont aussi inoffensifs que des agneaux.

– Comment pourrais-je oublier que tu as attenté à ma vie ? » répliqua Horemheb.

La tension se lisait sur son visage altier. La créature

de Mordom se contenta de ricaner : « Si tu es un fin politique, tu traiteras cet acte comme il se doit. Je n'éprouve aucun ressentiment à ton égard. D'ailleurs ma mission s'achève et j'aurai bientôt quitté l'Égypte. Peu m'importe que tu deviennes pharaon. J'ai cherché à t'empoisonner pour complaire à Ay. J'avais besoin de lui pour récupérer Tom. J'ai été averti de sa présence sur la Terre noire dès son arrivée. Mais à quoi bon me presser ? Tôt ou tard il viendrait vers moi dans l'espoir de sauver son amie. Je n'avais qu'à attendre. Hélas, tu l'avais pris sous ton aile, ce qui rendait ma tâche plus ardue. Je peux même t'avouer que c'est moi qui ai commandité le *mangeur de sang* en vue de t'éliminer. Lamentable tentative. Ce minable a reçu le juste salaire de son échec : il nourrit les poissons du Nil. Mais laissons ces broutilles. Aujourd'hui, la route du trône est dégagée. Saisis ta chance. »

Virulos leva les paumes vers les étoiles. Il lança une incantation et la tourmente de lave liquide s'évanouit. La porte de l'atelier pivota sur cinq ou six Noirs aux corps peints, qui se serraient les uns contre les autres, craintivement. Ces magiciens, épouvante des Thébains, grelottaient comme des nouveau-nés.

« Alors ? » insista le mage que le mutisme d'Horemheb irritait.

La réponse tomba, couperet de guillotine : « Non. »

Un fardeau de quinze tonnes quitta mes épaules. Si le général avait consenti, il aurait vendu son âme au diable. Cependant je ne pouvais accepter son sacrifice car, malgré sa rage, Horemheb ne faisait pas le poids en face de Virulos. Par son refus, il venait de prouver qu'il était digne de diriger l'empire. Mon estime renaissait. Je ne me sentais pas le droit d'envoyer à la mort un homme dont les actes amélioreraient le quotidien du peuple.

« Cette affaire ne regarde que Virulos et moi, criai-je. Vous avez trop de responsabilités pour vous mêler à ces conflits de sorciers. Néfer a déjà perdu sa mère. Votre disparition lui porterait un coup fatal. »

Cet argument toucha le futur pharaon qui fronça les sourcils.

« Cette canaille va t'écrabouiller, m'avertit le militaire.

– C'est ce qu'il espère, répondis-je. Mais il est un peu trop sûr de lui. Je n'ai pas dit mon dernier mot. Mes pouvoirs pourraient bien lui donner du fil à retordre. »

Ma voix ne chevrota même pas devant l'énormité de ce mensonge. Après tout, Horemheb ignorait mon incompétence. Les fanfaronnades de Tooloo, qui avaient soulevé en moi l'envie de le passer à la moulinette, se révélaient plus qu'utiles. Je vis l'hésitation traverser le regard du chef des armées.

« Allons-y ! » jetai-je à la créature de Mordom, stupéfiée par mon entrain. Puis je m'élançai vers la demeure, sans laisser à Horemheb le temps de reprendre ses esprits. Virulos m'emboîta le pas.

À l'instant où je franchissais le seuil, le général s'était ressaisi. Il courait vers moi, décidé à ne pas me lâcher d'un pouce. Virulos se retourna et, en une seconde, l'océan de flammes se reforma, coupant toute possibilité de m'atteindre. Mes dents se mirent à claquer. Je m'étais jeté dans la gueule du loup.

# 24

**On avait fermé les rideaux** des fenêtres de sorte que les rayons de lune ne pénètrent pas à l'intérieur. L'obscurité grouillait de chuintements bizarres. Je m'immobilisai de peur de rencontrer un obstacle. L'haleine de Virulos souffla dans ma nuque et je contrôlai à grand-peine un frisson de terreur. Il fallait que j'obtienne la libération de Cassandra avant que ce démon ne m'expédie chez le maître des ténèbres. Maintenant qu'il avait ce qu'il voulait, le sorcier dégustait sa victoire. Je l'entendis proférer une formule et la pièce s'illumina d'une lueur phosphorescente. Nous nous trouvions dans une sorte de hall où les ouvriers entreposaient leur matériel. Des rouleaux de lin s'entassaient contre les murs sur des étagères. Elles exposaient aussi des séries d'instruments barbares dont j'ignorais la fonction. Crochets, scies, couteaux, pics, lames en tout genre me menaçaient de leurs arrêtes tranchantes. Je distinguai aussi, sur ma droite, un alignement de jarres dont les bouchons de cire portaient le sceau du palais. Mon examen fut interrompu par une claque sur mes omoplates.

« Avant d'aller saluer le Maître, je t'ai concocté un petit divertissement, susurra Virulos. C'est un nouveau rituel de mon invention. Qui sait, je vais peut-être lancer la mode ? Tu vas adorer : nous allons immoler Cassandra sur l'autel des dieux. »

Je bondis à l'annonce de cette monstruosité. Mes poings tentèrent de marteler la poitrine du mage tandis que des larmes jaillissaient de mes yeux. Mais je ne heurtai que le vide. Une carapace invisible protégeait mon bourreau. Il avait tout prévu. Je n'avais aucune possibilité de fuite et toute résistance était vaine. Je devrais subir les perversions de cet esprit malade.

Hors de moi, bouleversé par ce que je venais d'entendre, je ne pris pas garde aux agissements du sorcier. J'éprouvai soudain une inquiétante torpeur. Des fourmis picotèrent mes membres, que je fus bientôt incapable de bouger. Je glissai sur le sol, conscient de perdre l'équilibre mais contraint d'obéir à une force supérieure. Cette mollesse se transmua bientôt en une rigidité de granit. Un ultime coup d'œil m'indiqua que j'étais l'objet d'un sort. Virulos pointait ses mains d'araignée dans ma direction. Avant que je puisse ouvrir la bouche pour protester, la paralysie m'avait totalement envahi. Ma vision se troubla. Je ne percevais plus que des contours flous, des masses colorées. Puis je fus comme aspiré dans des abysses et finis par m'évanouir.

Le crâne encore bourdonnant, je clignai des yeux. Une sorte de loup dardait ses prunelles vertes sur moi. J'étais face à face avec Anubis, le dieu des morts. Son fin museau humait mon odeur de chair fraîche et appétissante tandis que ses oreilles triangulaires se dressaient, en alerte. Avais-je déjà basculé en enfer? Le chacal, d'un noir d'ébène, guettait mes réactions. Mon cœur s'emballa comme un mécanisme dont le ressort aurait lâché. Je haletai, empoigné par la peur.

« Le prisonnier se réveille », avertit la bête d'une voix caverneuse.

La stupéfaction me fit sursauter. Puis je compris que ce que j'avais pris pour une divinité n'était qu'un homme dissimulé sous un masque de bois.

« La cérémonie peut commencer », clama Virulos dont je reconnus l'intonation sèche.

Il se trouvait à quelques mètres de moi. J'esquissai un geste pour me relever. J'en fus empêché : un fin réseau de bandelettes entravait mon corps. Alors, des sueurs froides m'inondèrent. L'une des visions cauchemardesques qui m'avait hanté lors de mon délire à l'hôpital de Néfer prenait vie. Avant même de la découvrir, je connaissais la scène qui m'attendait. Et de fait, en tournant la tête, j'aperçus Cassandra ficelée à la façon des momies. On l'avait couchée sur une grosse pierre rectangulaire d'un rouge sombre. Autour d'elle, une dizaine de prêtres achevaient les préparatifs macabres d'une terrible célébration.

Ma vieille amie gigota. Elle venait de m'apercevoir et l'incrédulité se lisait sur ses traits. Ses bouclettes blanches frémirent : « Par le Cornu du Gouffre de feu ! C'est mon petit Tom ! »

Elle n'avait apparemment pas été maltraitée, mais ses pupilles dilatées indiquaient qu'on l'avait droguée. Je la vis se concentrer et je ne doutai pas une seconde qu'elle ne cherche à accomplir un sort. Le peu de compétence de Cassandra en ce domaine me fit craindre le pire. Ses prouesses dans l'art culinaire n'avaient d'égales que ses bourdes en sorcellerie. Il ne se passait pas de journée sans que tante Anna ne rattrape les catastrophes de sa dame de compagnie. Afin de parer à toute éventualité, je préparai mon esprit à agir. Malheureusement, le sortilège de Virulos avait amoindri mes pouvoirs. Je sentais mon énergie aussi réduite qu'un cours d'eau en temps de sécheresse.

Virulos s'était perché sur une chaise au dossier montant, dirigeant le ballet des officiants. Les individus masqués se mirent à entonner un hymne guttural tout en levant leurs paumes vers le plafond. Leurs torses étaient bariolés de traînées sanglantes. Le rouge de ces marques tranchait sur le noir des gueules de chacal. Une âcre odeur de résine de térébinthe me fit pincer les narines. À intervalles réguliers, l'un des prêtres jetait des poignées de cette substance dans un foyer. Des volutes l'enveloppaient. Il se dirigea vers Cassandra, un poignard à la main. La lame luisait dans la pénombre bleutée. Les créatures masquées s'écartèrent. L'assassin éleva son arme dans un silence de mort.

Je luttai de toutes mes forces pour mobiliser le flux magique. Les bandelettes qui me saucissonnaient commençaient à s'effriter comme du parchemin. Mais, à ce rythme-là, j'en avais pour la nuit avant de me libérer. Bientôt le couteau transpercerait le cœur de mon amie et je ne serais libre que pour admirer son cadavre !

Cassandra émit un hoquet. Je crus que c'était l'angoisse qui bloquait sa respiration, la suite me fit pourtant comprendre qu'il n'en était rien. Un éclair grésilla. La silhouette translucide d'une femme apparut soudain au-dessus de la dame de compagnie de ma tante. Ce n'était qu'un halo aussi fragile qu'une image née d'un projecteur. Elle lévitait sous les regards éberlués des officiants. Virulos se dressa sur son siège.

« Hathor, gardienne de la nécropole, aide-nous ! » hurla Cassandra.

Des murmures d'effroi parcoururent le groupe des prêtres. Ils avaient reconnu celle qu'ils nommaient « la Puissante » et hésitaient à braver son autorité. Hélas, le spectre demeurait inerte. La déesse flottait dans les airs, comme un ibis figé en plein vol. Le secours attendu n'avait pas eu lieu. Échec sur toute la ligne. Je levai les yeux au ciel. Décidément Cassandra n'était pas une alliée très efficace... Ce n'était pas un fantôme inactif qui allait nous tirer de ce mauvais pas.

« Poursuivez ! » tonna Virulos en se rasseyant, une moue de dédain sur les lèvres. « Ce n'est qu'un leurre. La véritable Hathor me parle. Elle exige l'exécution de ces mécréants. »

Les hommes-chacals commencèrent à se ressaisir.

« Gnome Griffu, soutiens mon incantation ! » glapit la cuisinière en un soupir. Mais je voyais bien que le charme déployé par Cassandra avait atteint son maximum d'effet. Il fallait que je la seconde, sans quoi nous en resterions à cette manifestation dérisoire. En unissant nos énergies, nous avions peut-être une chance. Le déguisement des prêtres me donna une idée. Les chacals ! Ce n'étaient pas les seules créatures terrifiantes du désert…

Comme un moteur d'U.L.M., la forme de la déesse se mit à bourdonner. Soudain, son corps se recroquevilla et, en l'espace d'une seconde, noircit jusqu'à atteindre la couleur de l'ébène. Son buste s'étira, tandis que ses bras s'allongeaient. Une carapace luisante recouvrit sa peau. À la place des mains s'entrechoquaient maintenant d'énormes pinces, aussi meurtrières que des casse-noix géants. Les jambes s'étaient soudées et les pieds recourbés en un dard où suintait le venin. J'avais transformé Hathor en un gigantesque scorpion dont la queue mortelle planait sur l'assistance.

Les prêtres vacillèrent. Le crochet fatal balayait la pièce. Impossible de décrire la panique qui s'ensuivit. Les hommes de Virulos gesticulaient, se heurtaient les uns aux autres, arrachaient leur masque dans l'espoir d'échapper à l'aiguillon empoisonné. Le vacarme atteignait son comble. Quant à leur chef, à l'abri derrière son trône, il lançait des ordres contradictoires. Mais personne n'écoutait. Pendant ce temps, mes derniers liens s'étaient dissous. Je devais profiter de la confusion et m'esquiver avant que les criminels ne comprennent que l'insecte n'était, lui aussi, qu'une ombre sans danger. Je m'élançai vers la première porte venue, dévalai une ribambelle de marches et débouchai dans une large salle occupée par un bassin. Des cris déchiraient la nuit. Mes ennemis, guidés par Virulos, ne tarderaient pas à me rejoindre. Il fallait que je me dissimule au plus vite. À tâtons, je progressai le long de cette espèce de piscine où surnageaient d'étranges ballots. Les murs lisses n'offraient pas la moindre cachette. Il y avait bien une dizaine de jarres d'un volume propice au camouflage, mais mes poursuivants les inspecteraient immédiatement. De toute façon, j'avais peu d'espoir de m'en tirer. À moins d'égarer mes adversaires suffisamment longtemps pour faire demi-tour et rejoindre la porte d'entrée. Une fois l'issue atteinte, je devrais croiser les doigts en souhaitant que la colonne de feu ne me carbonise pas.

Ma main cogna un battant de bois. Je l'ouvris. Il grinça en s'effaçant sur un couloir. Je laissai la porte entrebâillée, fis volte-face. Devant moi, l'eau miroitait. Les reflets se brisaient à la surface en mille écailles huileuses. Je m'accroupis sur le bord. Les sacs surnageaient par grappes, à moitié immergés dans ce liquide poisseux. Une cavalcade résonna sous la voûte de pierre. Je plongeai dans ce bain épais. L'eau collait à ma peau, lourde, visqueuse comme du sirop. Ayant à peine pied, j'en bus malencontreusement une gorgée. Elle était horriblement salée, au point que je faillis vomir en la recrachant. Je me dissimulais contre les paquets, la tête blottie entre leur masse, quand Virulos et ses acolytes firent irruption dans la pièce, brandissant des torches.

« Par ici ! » lança un des prêtres qui avait remarqué la porte entrouverte. Le groupe se précipita vers le couloir.

« Pas si vite ! gronda la créature de Mordom. Le gamin est rusé. Il sait bien que sa fuite est barrée. Il a dû chercher à nous envoyer dans une mauvaise direction. Approchez vos torches. »

La lumière se fit dans la salle. Apparurent alors des corps étendus sur des nattes. Il s'agissait de dépouilles humaines. Leur vision m'arracha un frisson. J'étais dans l'endroit où l'on trempait les défunts pendant de longs jours afin de purifier leur corps avant de les ensevelir. Une fois vidés de leurs viscères, les trépassés étaient placés dans un bain de natron, une eau très fortement salée dont l'action préservait les chairs pour l'éternité. En fait, j'étais cerné par des cadavres ! Je suffoquai sous l'horreur.

« Bravo ! exulta Virulos. Je dois reconnaître que tu as du cran. Mon Maître va apprécier ça. Tu as bien choisis ta cachette. D'ici peu, toi aussi, tu auras rejoint le royaume des ombres ! »

Il tendit le bras vers moi et je fus extirpé de l'eau par une force surhumaine. Elle me souleva dans les airs et me propulsa contre la paroi. Virulos me dirigeait comme une voiture télécommandée. Je m'effondrai sur les jarres qui se cassèrent en me blessant les côtes. Mais j'étais bien trop paniqué pour sentir la douleur. Virulos eut un rire suraigu. Il triomphait. Désormais, j'étais totalement à sa merci.

# 25

« **Je réglerai son compte** à la sorcière plus tard, décréta Virulos. C'est du menu fretin comparé à toi, Tom Cox. Tu m'as donné des difficultés. Je te félicite pour cette pugnacité. J'étais trop sûr de moi : je croyais écraser comme une fourmi un apprenti arrivé à ton stade de formation. Toutefois, le combat fut rude. Tu as de la ressource. Quel gâchis ! S'il était possible de te convaincre de rejoindre les armées de Mordom, tu ferais une belle recrue. Mais je te connais trop aujourd'hui. Jamais tu ne basculeras du côté des ténèbres. Trop de droiture. Tu appartiens bien au sang des Fairystorm. À la longue, votre honnêteté est agaçante. Le monde de demain n'est pas fait pour vous. Mieux vaut tous vous faire disparaître. Le Maître a raison, il est très risqué de vous laisser survivre.

– Horemheb me vengera, tentai-je en un ultime sursaut.

– Le général n'est pas aussi juste que tu le penses. Tu ignores encore beaucoup de son passé. Visiblement, tu lui as pardonné le meurtre de Toutankhamon. Encore une des tares de ta famille, cette faculté de pardonner les crimes. Nous allons voir si ta compréhension a des limites. Sais-tu pourquoi le futur pharaon d'Égypte s'est consacré à l'éducation de Néfer ? Ne trouves-tu pas curieux qu'un guerrier tel que lui dépense autant d'énergie à veiller sur une vulgaire fillette ?

– Néfer n'est pas une vulgaire fillette. Elle sera bientôt un des plus célèbres médecins de la Terre noire.

– Et elle devra sa réussite au meurtrier de sa mère. »

Le choc m'anéantit. J'avais l'impression que des massues martelaient mon crâne. Je ne pouvais plus proférer un seul mot. Virulos scrutait mes réactions. Il s'esclaffa devant mon air décomposé.

« Le brave Horemheb ne t'a pas confié ce détail. Sache que la mère de Néfer était le médecin personnel du jeune fils d'Horus. En tant que tel, elle a examiné le corps lorsque les soldats l'ont rapporté du désert. Elle n'a pas tardé à comprendre que la version de l'accident de chasse ne tenait pas la route. Le coup porté à la nuque contredisait le discours officiel. Horemheb a signé son arrêt de mort. Il ne pouvait tolérer qu'un témoin si compromettant reste en vie. Et c'est parce qu'il se sentait coupable qu'il s'est chargé de l'enfant. La bonté n'existe pas ! Entre-toi ça dans la cervelle. »

Des larmes coulaient sur mes joues. J'étais incapable de les retenir. Néfer s'était attachée au général, elle l'aimait. Que ferait-elle lorsqu'elle apprendrait la vérité ? Mais qui allait la lui dire ? Jusqu'à la fin de ses jours, elle donnerait son affection à l'assassin de sa mère ! Je courbai l'échine, broyé.

Un rayon aveuglant découpa l'espace. Les prêtres se jetèrent en arrière et certains lâchèrent leur torche. Virulos lui-même vacilla sous la clarté. Le gardien de la Porte s'était matérialisé, raide comme un obélisque. Il pointa sa canne au pommeau d'ébène en ma direction. Il semblait encore plus irrité que le jour de notre rencontre dans le désert. Ses joues parcheminées creusaient son visage et, sous ses sourcils, ses prunelles fulminaient.

« Assez de toutes ces perturbations ! Je ne tolérerai pas davantage ces manquements aux règles. Toi, mon garçon, tu n'es qu'un petit prétentieux. Que cette aventure te serve de leçon. Sans mon intervention, tu serais réduit en chair à pâté. Je t'observe depuis des semaines. J'avoue que ton attitude dans la tombe du pharaon a modifié mon jugement. Alors qu'il t'était si facile de t'emparer de l'œil Oudjat, tu as sacrifié tes chances de retour. Ce choix t'honore. Il n'est pire crime que la profanation d'une sépulture. Je sais combien cela t'a coûté. Cette décision te sauve la vie. Je m'oppose à ta destruction. » D'un mouvement brusque, le vieillard pivota vers Virulos. « Quant à toi, misérable, je te réexpédie chez ton maître. Avertis-le qu'on ne dérange pas impunément l'organisation des mondes. Je suis âgé mais pas encore assez croulant pour vous permettre de tout dévaster. J'obéis aux Sages. Si Mordom a quelque chose à redire à cela, qu'il se déplace en personne et nous verrons lequel de nous deux est le plus fort. »

Sans un mot de plus, le gardien de la Porte agita sa

canne qui se mit à trembler. Une étincelle sortit de son extrémité. Ce n'était qu'une petite flammèche d'or, pas plus grosse qu'un petit pois. Peu à peu, elle enfla, jusqu'à atteindre la taille d'un ballon de football. Cette boule de feu grouillait d'éclairs orangés. Virulos la contemplait, les bras ballants, bouche bée. Je vis la sueur couvrir son front. Il était plus pâle que les défunts exposés sur leur natte à même le sol. Avant qu'il ait pu faire un geste, la sphère l'avait heurté en pleine poitrine. Une gerbe de feu grimpa jusqu'au plafond. Je fermai les yeux et me protégeai de mes avant-bras. Un rugissement rauque me boucha les oreilles.

Quand je refis surface, j'étais seul avec le gardien de la Porte. Un sourire de satisfaction traînait sur son visage austère.

« Dans une semaine, jour pour jour, tu seras transporté chez toi, ainsi que ton amie, Cassandra. » Il parlait sur un ton bourru, laissant filtrer une sorte de tendresse. « Ta mission n'est pas totalement achevée. Je n'ai pas de conseil à te donner, mais une autre de tes amies a peut-être besoin de toi. Virulos n'a pas menti : Horemheb a tué la mère de sa pupille. Je te laisse le soin d'agir à ton gré. Parler ou se taire ? Voilà le prix de ton retour. »

Sa voix avait repris toute sa fermeté. Il me dévisageait d'un regard impassible : « Te voilà face à l'expérience la plus amère qui soit car, quelle que soit la solution pour laquelle tu opteras, rien ne te permettra de savoir si c'était la meilleure. »

# 26

**Depuis cinq jours** que j'étais calfeutré dans la villa d'Horemheb, je n'avais pour ainsi dire pas quitté ma chambre. D'abord parce que j'étais exténué. Les dernières péripéties m'avaient conduit au bord de l'épuisement, tant moral que physique. Le général m'avait récupéré à ma sortie de l'atelier des embaumeurs où je m'étais évanoui pour me réveiller dans sa villa. Malgré mes préventions à son égard, j'avais été contraint d'accepter son hospitalité. Je ne connaissais personne capable de me recueillir dans l'état de faiblesse où je me trouvais. En dehors de Toutou, je savais ne pouvoir compter que sur le futur pharaon. Le brave ouvrier avait été promu chef de l'équipe de gauche, comme j'en avais fait la suggestion à Horemheb, lors d'une entrevue éclair. Désormais à l'abri de la misère, cet homme généreux avait fort à faire pour reprendre en main la population de Deir el-Medineh. Il s'était vu confier la restauration de la tombe de Toutankhamon. Je ne m'imaginais pas débarquer à l'improviste et ajouter un souci supplémentaire aux tracas déjà fort nombreux de Toutou. De plus, il aurait fallu expliquer mon départ...

Horemheb était lui aussi débordé par les charges attenantes à sa nouvelle fonction. Car, s'il ne portait pas encore le titre de pharaon, il en assumait les tâches. Sa présence au palais s'avérait nécessaire, vingt-quatre heures sur vingt-quatre. D'abord afin d'organiser les funérailles de Ay qui auraient lieu une fois le processus de momification achevé, ensuite pour traiter les affaires courantes de l'empire. Cela m'avait permis d'échapper à une confrontation que je redoutais. Le général était venu s'enquérir de ma santé, mais notre échange n'avait pas duré plus d'un quart d'heure. Et je ne m'étais pas senti le courage de porter des accusations directes.

Le gardien de la Porte avait vu juste en affirmant que le plus ardu m'attendait. Avais-je le droit d'avertir Néfer sans parler à Horemheb ? Après tout, le chef des armées s'était toujours montré juste envers moi. Il m'avait sauvé du désert et de l'assaut de la hyène, sorti des griffes de Mesto, guidé jusqu'à Cassandra et s'était même proposé pour combattre Virulos. J'allais lui porter un coup fatal.

Tiraillé entre la reconnaissance et la répulsion, j'ignorais quelle ligne de conduite adopter.

Quant à Néfer, mon cœur se déchirait à l'idée de briser ses illusions. Certes, elle adorait sa mère et conservait d'elle un souvenir poignant, mais les liens tissés au fil des années avec Horemheb avaient peu à peu succédé à l'amour maternel. Je gardais en mémoire les confidences dévoilées lors de notre voyage en chariot. Dire qu'elle croyait avoir lu dans les tréfonds de l'âme de son tuteur ! Je souffrais par avance du mal qu'engendreraient mes révélations chez la jeune fille. Comment agir au mieux ? Car je pouvais choisir de me taire et de regagner mes pénates sans trahir les mensonges. Mais alors, supporterais-je le poids de mon silence ?

J'en étais à ce stade de mes réflexions lorsque Cassandra entra dans ma chambre, un plateau fumant à la main.

« C'est incroyable ! râla la vieille femme au visage rubicond. Pas un de ces Égyptiens ne veut goûter à cette sublime potée Cléopâtre. Ils préfèrent manger des bulbes de papyrus grillés. J'ai pourtant mixé des dattes et des figues jusqu'à obtenir une crème onctueuse. Et j'ai agrémenté ma sauce de morceaux d'oie. »

Apparemment, il ne subsistait aucune séquelle de son enlèvement. Les effets des drogues s'étaient rapidement dissipés, de sorte que la vieille femme avait repris ses activités coutumières comme si elle n'avait pas quitté la maison de tante Anna. Elle s'était introduite dans la cuisine et avait bouleversé le travail des domestiques en les soumettant à ses directives. Nul n'osait broncher, face à cette intruse péremptoire qui accaparait four, poêles et chaudrons pour d'invraisemblables recettes. Les serviteurs vivaient dans la crainte, car chaque préparation culinaire était accompagnée de son lot d'explosions, de lévitations et autres phénomènes surnaturels. Il fallait profiter de la nuit, et des moments de sommeil de ce marmiton catastrophique, pour récurer la pièce de fond en comble et effacer les dégradations de la journée.

Le personnel de la villa affichait d'horribles cernes violacés, résultat de la passion de Cassandra. Elle paraissait avoir oublié l'épreuve traversée et ne s'intéressait plus qu'aux aliments exotiques, cherchant à les accommoder selon leur saveur. Je n'avais pas voulu raviver les souvenirs déplaisants de mon amie. Aussi, d'un commun accord, nous n'évoquions pas les semaines passées.

Cassandra me fourra sa mixture sous le nez. Je grimaçai. Une odeur âcre se dégageait du plat. Des petites pyramides blanchâtres émergeaient d'une bouillie marron.

« Ce doit être le mélange sucré-salé. Ils n'ont pas l'habitude de la nouvelle cuisine, poursuivit mon amie. À moins que l'aspect du papyrus ne les rebute ? Ils l'aiment croquant. Or, je l'ai fait bouillir, ce qui lui donne une consistance élastique. On a l'impression de mordre dans une éponge. Je te promets que le goût est divin. Entre la forêt-noire et le civet de rabbitambours. »

Le nom du légume magique me rappela mon premier repas chez tante Anna et la découverte de l'univers des sorciers. À l'époque, beaucoup de secrets m'étaient encore cachés. Mon père ne prononçait jamais un mot à propos des mésaventures de Louis Cox et de sa femme, Déborah. Il avait renié la sorcellerie et refusait avec acharnement de m'informer sur cette lignée légendaire à laquelle j'appartenais. Les explications fournies par Anna nous avaient rapprochés. Oui, la connaissance de la vérité, si douloureuse soit-elle, apportait une réelle délivrance. Les rapports entre mes parents et moi avaient gagné en franchise, en confiance. Et l'âge n'avait rien eu à faire dans cette amélioration. Ce n'est pas parce qu'on est un gamin qu'on est moins apte à comprendre les problèmes. Les adultes oublient trop vite les trésors de l'enfance.

Je rendis son sourire à Cassandra. Ma décision était prise. J'irais avertir Horemheb, puis parlerais à Néfer.

Je bondis hors du lit, au risque de renverser la fameuse potée Cléopâtre.

À peine eus-je mis le pied à terre que Tooloo pénétra dans la pièce par la fenêtre ouverte. Jaloux de n'avoir pas participé à l'élimination de Virulos, l'animal boudait. Il redressait la tête avec fierté et ne répondait que par monosyllabes à mes questions. Il se percha sur la tête du lit, la mine hautaine.

« Ah ! s'exclama Cassandra, voilà le testeur que j'espérais. Tu vas me donner ton avis sur ce chef-d'œuvre. L'oie a mariné trois heures dans du lait d'ânesse. Et j'ai laissé macérer les figues dans une décoction spéciale. Ouvre ton bec. Ton palais va découvrir un feu d'artifice d'arômes.

– Quoi ! suffoqua l'aiglon dont les plumes s'ébouriffèrent, vous ne prétendez pas me faire avaler ça ! Un cabot errant, acculé à la famine, n'en enfournerait pas une bouchée ! Si vous souhaitez m'empoisonner, utilisez au moins un produit qui agisse sur-le-champ. Je vais finir par bénir le temps où je n'étais qu'un Furby.

– Mais ce plat est tout à fait délicieux ! » protesta

Cassandra, outrée de la tirade du volatile. Et, dans l'espoir de prouver cette affirmation, elle ingurgita une cuillerée de sa potée. Ses yeux se révulsèrent et ses bouclettes argentées se hérissèrent sur son crâne, son visage s'empourpra tandis que ses dents se mettaient à claquer.

« Un malaise ? » demandai-je avec inquiétude.

La vieille femme s'agrippa aux montants du lit : « Je crois que j'ai un peu trop insisté sur les fientes de chauve-souris que Néfer m'avait offertes.

– Des fientes de chauve-souris ! »

Tooloo et moi avions lâché un même cri. Notre cuisinière opina le plus naïvement du monde.

« Je savais que c'était un antibiotique, mais j'ignorais qu'on pouvait s'en servir d'ingrédient... »

Tooloo coupa la fin de ma phrase : « Elle voulait me faire manger des excréments !

– Je ne suis pas folle à ce point, s'indigna Cassandra. Papyrus, figues, dattes, oie, lait d'ânesse, sel, poivre, ail et fientes. Uniquement des bonnes choses.

– Mais les fientes, c'est l'autre nom des excréments ! » brailla Tooloo.

La cuisinière porta la main à ses lèvres. Un haut-le-corps souleva sa poitrine. Elle nous jeta une œillade éperdue, tourna sur elle-même et détala jusqu'à la salle de bains toute proche.

« Cette femme est plus dangereuse que dix Virulos réunis ! » jugea mon aiglon.

Il était sur le point de se déchaîner quand on frappa à

la porte. Un soldat apparut : « Un char vous attend. Il va vous conduire jusqu'au général Horemheb. » J'inspirai profondément. Le dernier acte s'annonçait.

# 27

**Le soleil rayonnait** sur la Vallée des Rois et la poussière dansait dans l'air brûlant. À vive allure, le char m'avait mené jusqu'au Nil que nous avions franchi à l'aide d'un bateau à fond plat, seul susceptible d'effectuer la traversée en cette période de basses eaux. Nous étions alors repartis sur le sentier qui s'enfonçait dans la montagne. Quand j'eus compris le lieu de notre destination, je m'étonnai. Mais déjà la silhouette d'Horemheb se découpait sur l'entrée du caveau. Le général ne portait qu'un simple pagne et son casque bleu de commandement. Ce dépouillement retint mon attention. J'approchai à pas lents.

« La tombe a été remise en état », dit le chef des armées en désignant la porte de pierre. « Toutou s'est révélé un excellent chef d'équipe. La population de Deir el-Medineh semble ravie du changement. Les fauteurs de troubles ont été jugés. Le vizir les a condamnés à exploiter l'or du désert. Ils vont regretter amèrement leur ancien travail : on ne survit pas longtemps dans les mines. »

Horemheb inclina la tête. Peut-être songeait-il que lui aussi méritait un châtiment ? Le silence s'établit entre nous sans que j'ose y mettre un terme. Ma bouche était sèche et mon esprit vide. J'avais beau me creuser les méninges, je ne trouvais aucun moyen d'engager la conversation sur les crimes commis par le général. Il ôta son casque et frotta ses cheveux mouillés de sueur.

« Mesto a dit vrai. »

Horemheb s'était redressé. Il me fixait d'un regard pénétrant.

« Le jeune Toutankhamon est mort sur mon ordre. Ay m'avait convaincu que son inexpérience ruinerait le pays. Nous nous relevions d'une crise majeure, l'Égypte était affaiblie. Seul un pouvoir fort pouvait la sauver. Je ne me cherche pas d'excuse. J'aimerais juste préserver le repos du fils d'Horus, faire en sorte que les pilleurs ne viennent plus déranger son sommeil. Mais comment détourner l'avidité des hommes ? »

J'observai la pente rocheuse. Des blocs de grosse taille surplombaient l'ouverture du tombeau.

« Je peux tenter quelque chose », proposai-je.

Horemheb prit un air interrogateur. Je lui demandai de s'écarter. Les rochers étaient trop massifs pour être ébranlés, mais, en déplaçant les bonnes pierres, je provoquerais un éboulement qui viendrait obstruer le caveau. Je commençai à déblayer les cailloux. Grâce à mon fluide, ils jaillissaient du sol comme les balles d'une mitraillette. Le général contemplait la scène avec attention. Il n'avait jamais vu ma magie à l'œuvre. Cependant aucun signe de surprise ne se lisait sur son visage. J'eus bientôt creusé un espace important. Les blocs émirent un grondement sourd. Encore un ou deux efforts... Le fracas emplit la vallée. Un nuage ocre nous enveloppa tandis que la terre tremblait sous nos pieds. Je toussai, crachai, totalement aveuglé. Lorsque la poussière se dissipa, la porte du monument funéraire avait disparu, ensevelie par le glissement de terrain. Ainsi Toutankhamon échapperait-il aux profanateurs. Du moins jusqu'à ce que Carter et son équipe entreprennent leurs fouilles. Mais bien des siècles s'écouleraient d'ici là. Je n'étais pas peu fier de ce résultat. Grâce à moi, les archéologues trouveraient une tombe intacte. Si M. Focil avait pu s'imaginer que j'étais à l'origine de cet événement, il aurait sans doute cessé de m'accabler de mauvaises notes. Évidemment, il n'en saurait rien. Motus et bouche cousue. Comme d'habitude, mes exploits resteraient ignorés. De toute façon, si je me vantais auprès de mon professeur d'histoire, ce dernier m'entraînerait chez la psychologue scolaire pour me faire examiner. La magie est une tâche ingrate. La voix d'Horemheb me tira de mes réflexions : « Je te remercie. Tu viens d'ôter un poids de mes épaules. Aucun voleur ne peut soupçonner la présence du caveau.

– Et Néfer ? »

La question avait jailli malgré moi. Je me mordis les lèvres devant l'expression affolée du général. Pour la première fois, je le vis perdre contenance. Il me scruta longuement avant de répondre.

« J'aurais dû deviner que tes pouvoirs te livreraient tous mes secrets, confessa-t-il. Elle est à la Maison de

Vie depuis quatre jours. Elle passe les examens qui lui permettront de devenir médecin en titre. »

Voilà qui justifiait son absence. J'avais été étonné de ne pas recevoir sa visite à la villa. Étonné et soulagé. Car cela repoussait d'autant plus le moment des aveux.

« Elle a le droit de connaître le passé, affirmai-je avec autant de conviction que possible.

– Elle va me haïr, lâcha Horemheb en un souffle. Je pourrais tout supporter, sauf son mépris.

– Je ne sais pas si elle vous pardonnera, mais elle vous sera reconnaissante d'avoir dit la vérité. »

Le général était prêt à s'effondrer. Je percevais la lutte qui déchirait son esprit. Il n'avait plus rien du farouche combattant craint par-delà les frontières de l'Égypte. Un tremblement agitait sa poitrine. Les yeux brillants de larmes contenues, il murmura : « Je te demande simplement de me laisser lui parler le premier. »

C'était une prière à laquelle je ne pouvais refuser d'accéder.

Les corolles des nénuphars s'épanouissaient sur le bassin. Le rose tendre des pétales rappelait les nuances du crépuscule. J'avais passé l'après-midi dans le parc, loin des disputes de Cassandra et de Tooloo. Depuis l'épisode de la potée Cléopâtre, mes deux amis n'arrêtaient pas de se chamailler et je n'avais pas le courage de jouer les arbitres. Mon aiglon hurlait à l'empoisonneuse, ce qui ulcérait la cuisinière, mortifiée d'avoir commis une bévue aussi monstrueuse. Je m'étais éloigné avant d'avoir recours à mes dons en les statufiant. Comment expliquer à tante Anna et à Max l'emploi d'un tel sortilège ? Car, dans quelques heures, nous serions de retour à la maison. Heureusement ! Je commençais à en avoir par-dessus la tête de la Terre noire et de ses habitants. À dire vrai, la seule chose qui me retenait était mon attachement à Néfer. Il fallait lui dire adieu et cela me bouleversait.

Un concert de piaillements m'arracha à ma rêverie. Je crus que mes deux compagnons avaient découvert ma retraite. Mais je faisais erreur. Une chevelure jaune fluo apparut entre les arbres. Youyi, un pichet à la main, donnait la chasse à Cassandra, menaçant le crâne de la pauvre femme.

« Comment oses-tu montrer ta face de singe dans cette demeure ! » criait la domestique. Tooloo voletait autour des deux femmes et encourageait la servante : « Vas-y ! Assomme-la ! Un bon coup sur la margoulette, voilà qui devrait lui remettre les idées en place. »

Cassandra se réfugia derrière moi. Je dus subir les assauts de Youyi qui brandissait son récipient, au risque de m'éborgner.

« Calmez-vous ! » tentai-je. Mais chacun s'égosillait, de sorte qu'on ne m'entendait pas. Le pichet frôla ma tempe.

« Ça suffit ! »

Néfer se tenait devant nous. Aussitôt le tumulte retomba. La présence tranquille de la jeune fille avait pétrifié les adversaires. Elle était d'une pâleur maladive. Des mèches de ses cheveux roux encadraient son visage fatigué. Pourtant, sa beauté me toucha. Je compris qu'Horemheb lui avait parlé.

« Laisse-moi me venger de cette Sekhmet de malheur ! implora Youyi en montrant Cassandra. Je vais lui arracher un à un tous les poils de la tête. Elle hésitera avant de soigner d'autres innocents.

– Ne vous plaignez pas, intervint Tooloo, elle vous a seulement demandé de vous frictionner le cuir chevelu avec son baume. Imaginez ce qui se serait produit si vous l'aviez avalé ! »

La bagarre reprit de plus belle. Ni Néfer ni moi ne parvenions à la stopper. Brusquement Cassandra fut pris d'un hoquet. Et comme d'habitude, la réaction magique ne tarda pas : une gerbe de bière fusa du pichet, vide auparavant, projetant mon oiseau à cinq mètres du sol. Il échoua sur une branche, trempé et suffoquant.

Il ne pouvait y avoir de meilleur remède à l'hostilité ambiante. Les trois antagonistes ne faisaient plus un geste. Je sautai sur l'occasion pour clarifier la situation. Néfer et Youyi revenaient juste de la Maison de Vie, aussi n'étaient-elles pas au courant des derniers rebondissements. Je questionnai la domestique : « Vous prétendez que cette femme n'est autre que Sekhmet, la femme médecin protégée par les prêtres de Louxor ?

– Je ne prétends pas, fulmina Youyi l'écume aux lèvres. J'affirme ! »

Je me tournai vers Cassandra qui grelottait de peur : « Il est temps de raconter ce qui s'est passé depuis l'enlèvement. Je sais combien cette histoire est douloureuse, mais chercher à l'effacer de la mémoire n'est pas le meilleur moyen de s'en débarrasser. »

Notre cuisinière battit des cils et commença son récit d'une voix chevrotante. De son kidnapping, elle ne se rappelait qu'un flash aveuglant. Ensuite, elle s'était réveillée dans un local crasseux où des inconnus l'avaient forcée à boire une mixture infecte. Nous comprîmes alors que les prêtres avaient choisi de camoufler la vieille dame dans une humble maison proche du port où ils l'avaient fait passer pour une guérisseuse. Sous l'emprise de la drogue, Cassandra avait tenu son rôle à la perfection, allant jusqu'à délivrer des ordonnances aux rares clients qui déjouaient la protection de ses gardes. Un soir, on l'avait transportée hors de la ville et ligotée sans ménagement. Je connaissais la suite. Accablée par les souvenirs qui remontaient à sa conscience, ma vieille amie cacha son visage dans ses mains. Elle bredouilla des excuses, redressa la tête et parut découvrir Youyi : « Par le Cornu du Gouffre de feu ! C'est moi qui suis responsable de votre coiffure ? Je ne me serais jamais crue capable de... d'une telle... » Elle éclata en sanglots.

Je la détrompai, mais lorsqu'elle réalisa qu'elle avait cramé les cheveux de Youyi, ses pleurs redoublèrent. La domestique, émue par le désarroi de la cuisinière, et doutant de sa santé mentale, l'emmena jusqu'à sa chambre.

« Tout s'arrange, bougonna Tooloo du haut de son arbre. Après l'empoisonnement, j'ai risqué la noyade dans la bière, mais ça ne compte pas. On pardonne tout à ce danger public... » L'oiseau s'arrêta devant mon air goguenard. « Il ne me reste qu'à prendre une bonne douche. »

L'aiglon nous tourna le dos ostensiblement et s'élança vers la villa.

Néfer s'avança vers moi et saisit ma main. Ce contact me fit frissonner.

« Horemheb a tout avoué, dit la jeune fille. C'est en partie grâce à toi et je voulais t'en remercier. Son aveu me fait terriblement souffrir, mais je préfère cela au mensonge.

– Que vas-tu faire ?

– Eh bien, je suis médecin maintenant. » Son visage s'éclaira d'un faible sourire : « J'ai réussi l'examen. Je vais exercer mon métier. »

Elle marqua une pause tant il lui était difficile de poursuivre.

« Quant au général, je veux dire au pharaon, je pense que ma présence à ses côtés s'impose. Je serai toujours là pour lui rappeler ses erreurs, ainsi son règne sera-t-il plus juste. Il va d'ailleurs promulguer un édit afin que le peuple ne soit pas exploité et que les fonctionnaires corrompus soient punis. Je veillerai à ce qu'il respecte ses engagements. »

Quelle fille épatante ! Elle avait surmonté sa douleur

pour le bien de la population. Comme sa mère, elle méritait le titre de médecin, sa préoccupation première étant de soulager les malheureux.

« Je penserai souvent à toi », conclut Néfer.

Elle n'avait pas besoin d'en dire davantage. Le destin nous séparait, mais nous savions que nous comptions l'un pour l'autre et que cette affection survivrait à notre séparation.

Je me penchai vers elle et nous échangeâmes un baiser.

# 28

« **Je ne sais pas** si je dois te féliciter ou t'administrer une correction mémorable, s'interrogea mon père. Peut-être bien les deux. »

Nous étions tous réunis autour de la table d'ébène, dans la salle à manger de tante Anna. On avait suspendu des bougies contre les cloisons et leurs multiples langues d'or donnaient un air de fête à la pièce. Ma mère et Anna avaient sorti l'argenterie ainsi que le service en porcelaine de mes grands-parents. Les flûtes de cristal dressaient leurs calices. Nous nous apprêtions à dîner comme des rois. Des harpes jouaient toutes seules des mélodies guillerettes, interrompues par de minuscules feux d'artifice spécialement créés pour l'occasion. Max avait réglé les réjouissances. Lui qui rechignait à l'idée du moindre divertissement avait tenu à saluer notre retour de manière insolite. Il s'était arrangé pour qu'un des murs s'efface et soit remplacé par les sites les plus célèbres du monde entier. Depuis que nous nous étions installés, nous avions ainsi vu défiler Venise et sa place Saint-Marc dont les pigeons s'étaient posés sur le rebord de notre table, les neiges éternelles du Kilimandjaro et les chutes du Niagara. Les embruns dus à cette dernière destination nous avaient transformés en serpillières. Grâce au ciel, nous avions désormais sous les yeux les pyramides de Gizeh.

« Quand je pense que j'ai vécu plusieurs semaines en Égypte sans apercevoir l'ombre d'une pyramide ! m'écriai-je.

– C'est une question de lieu et d'époque, pérora mon professeur, ravi d'étaler son savoir. La plupart de ces monuments se trouvent au nord du pays. Il n'y en a guère dans les environs de Thèbes. Tu ignores aussi qu'ils ont été construits à des périodes beaucoup plus archaïques que celle que tu as connue. Sous Horemheb, on n'enterre plus les souverains dans ces réalisations titanesques. »

Je hochai la tête d'un air méditatif : « Je me demande si le général tiendra ses promesses vis-à-vis du peuple.

– D'après ce qu'affirment les livres, reprit Max, son règne a été plus que bénéfique. Il a stabilisé l'empire, a maintenu l'ordre et suscité un renouveau qui aura fait croître la dynastie suivante. D'une certaine façon on peut dire qu'Horemheb a permis la montée sur le trône des Ramsès, une des plus fameuses lignées de pharaons. »

Une pointe de nostalgie me transperça la poitrine. Néfer avait accompli la tâche qu'elle s'était fixée. Ma vaillante amie n'était sans doute pas pour rien dans ce résultat. Mais je n'allais pas raconter cette partie de l'histoire.

Le plateau de Gizeh s'estompa, laissant place à l'Empire State Building.

« Ton initiative était très dangereuse, prononça ma mère d'un ton encore chargé de reproches. J'espère que tu ne recommenceras pas de sitôt. J'ai cru mourir d'inquiétude.

– Je vous avais bien dit qu'on ne pouvait pas lutter contre le destin de votre fils, interrompit Max qui fut obligé de hausser la voix à cause des Klaxon de la circulation new-yorkaise. C'est un Fairystorm. Il n'en fait qu'à sa tête, comme son grand-père, Louis.

– On voit où ça l'a mené, marmonna mon père, blessé par cette évocation.

– Ne parlons plus de ce qui fâche, trancha tante Anna. Un festin nous attend. Nous allons faire honneur à la nouvelle recette de ma chère Cassandra. Je crois qu'elle s'est surpassée. »

La rescapée présidait, l'œil rivé sur le plat surprise qu'elle venait de déposer au centre de la table. Elle s'était enfermée dans la cuisine jusqu'au dernier moment et personne n'avait eu vent de sa préparation. Depuis notre arrivée, un tourbillon de joie secouait la vieille demeure. Embrassades, exclamations, récits nous avaient occupés jusqu'à ce que ce dîner d'exception soit décidé.

« Au fait, réagit mon père en pointant vers moi sa fourchette, j'ai une nouvelle importante à t'annoncer : tu passes en quatrième. Virulos n'ayant pas assisté au conseil de classe, aucun des élèves de la cinquième C ne redouble. Tu es verni. Nous avons reçu ton bulletin, on ne peut pas dire que tes notes soient brillantes. Tu vas devoir redresser la barre. Ta mère et moi t'avons inscrit dans un nouvel établissement. Il semble beaucoup moins laxiste que le collège de la Source. »

J'avais totalement oublié les projets de déménagement de mes parents. Ainsi je ne remettrais pas les pieds à Paris. Adieu, les goûters chez Alice, les escapades en trottinette le long du canal Saint-Martin, les parties de foot dans la cité. Adieu aussi l'infâme Willie-mâchoire-d'acier et ses manigances de chouchou binoclard.

Je me tournai vers tante Anna. Elle portait un fourreau de satin recouvert de tulle carmin. Ses pendants d'oreilles, deux pierres précieuses en forme de goutte, rutilaient.

« Nous serons voisins. Tu vas pouvoir nous rendre visite.

– Voilà des lustres que je n'ai pas fréquenté le monde des humains. » Elle fit tinter le cristal de sa flûte. « Tu seras mon guide. J'ai peur de ne pas avoir le comportement adéquat. Ils sont si collet monté, si peu fantaisistes. »

Je ris intérieurement en songeant aux réactions qu'engendrerait l'accoutrement de ma tante. Elle ne passerait sûrement pas inaperçue. Comme par un fait exprès sa crinière carotte s'affaissa. Elle cligna des paupières et ses cheveux s'entortillèrent jusqu'à former une tour de hauteur respectable. Ma mère s'étrangla : « Nous... nous serons charmés de vous accueillir. »

J'étais doté d'une curieuse famille. Cependant je n'aurais cédé ma place pour rien au monde.

Cassandra s'impatientait. La timidité empourprait ses joues. De ses doigts tremblants elle agrippa la cloche d'argent et l'éleva d'un mouvement brusque. Une clameur d'admiration monta de l'assistance. Quant à moi, les sons se figèrent dans ma gorge. Je découvris avec effroi que le produit de tant de mystères n'était autre que l'épouvantable potée Cléopâtre ! Pourvu que Cassandra ait renoncé aux fientes de chauve-souris ! Je ne pus me retenir de lancer un coup d'œil à Tooloo. Mon Furby attendait sur le buffet qu'une prochaine aventure lui redonne vie. À peine la Porte franchie, il avait retrouvé son aspect de peluche inanimée. En un sens, cela valait mieux. J'entendais presque les protestations que le ragoût aurait provoquées.

« Il y a encore une chose que j'aimerais savoir », dis-je pour retarder l'instant fatidique où je devrais avaler l'horrible mixture. « Visiblement j'ai réussi l'épreuve de la deuxième Porte. Mais je n'ai pas l'impression d'avoir augmenté mes pouvoirs, d'avoir progressé dans ma connaissance de la sorcellerie.

– C'est parce que tu confonds les tours, les phénomènes apparents de la magie et la force mentale qu'elle nécessite, exposa Max tandis que sa langue fourchue glissait entre ses lèvres. Au contraire, ton séjour t'a appris énormément sur le cœur humain, les motivations enfouies. Tu négliges en outre ce que tu sais maintenant sur toi. Quelles sont tes limites, ce que tu acceptes ou non de faire, ce qui, pour toi, a le plus de valeur. Tout cela représente une étape primordiale dans ta formation. » Il enfourna une bouchée gélatineuse.

J'avais de quoi méditer. Mais je dus remettre cette réflexion à plus tard. Cassandra me dévisageait d'un air suppliant : « Tu ne manges pas ? »

Le sourire forcé, je portai la fourchette à ma bouche.

**MEMNA CONSIDÉRA L'ESPACE** où, une seconde auparavant, Clothon avait découpé une issue. L'air palpitait encore de cette lueur verte si particulière qui trahissait les passages vers d'autres univers. De nouveau elle était confrontée à la solitude. Son vieux compagnon était parti, cassé en deux par le poids de la fatalité. La mesure était comble. Elle se demanda où elle touverait le ressort qui lui permettrait d'enchaîner les gestes à venir. Elle se sentait aussi dévastée qu'une terre après le passage d'une tornade. Pour la première fois, les mots l'avaient désertée. Elle n'avait pas su trouver de réponse aux implorations de Clothon. Mordom avait vaincu. C'en était fait des elfes et de leur civilisation pacifique. Toute cette paix, cette beauté naturelle avaient été anéanties. L'aïeule revoyait les prairies d'herbe violette que le vent battait, les forêts touffues toutes bruissantes d'ombres et de feuilles, les montagnes aux glaciers de miroir... Ces paysages n'existaient plus. Et le poids de toutes les âmes sacrifiées écrasait sa poitrine. Dans sa cervelle résonnaient les cris d'agonie des victimes. Elle chancela. Les forces du mal avaient triomphé. Elles empilaient maintenant des blocs de basalte sur ce champ de *cendres afin d'édifier le château de leur maître, symbole de la douleur et de la mort. Bientôt Mordom déploierait ses troupes, bientôt elles déferleraient sur les mondes pour les soumettre à la barbarie.*

*À quoi bon se leurrer, la première offensive du maître des ténèbres porterait contre les Sages. Il devait se débarrasser d'eux pour mener à bien sa conquête. Les heures de la Branche des Secrets étaient comptées. Le froid la transperça jusqu'à la moelle. Ce n'était pas tant sa disparition que le sort de l'humanité qui la désespérait. Si seulement elle pouvait acquérir la certitude que les jeux n'étaient pas définitivement clos, que la route de Mordom serait tôt ou tard barrée, que Tom Cox inverserait le futur...*

*Quelle folie d'avoir jeté ce gamin dans la tourmente !*

*La silhouette chétive de l'adolescent lui traversa l'esprit. Un drôle de garçon, songea-t-elle. Par deux fois il s'était tiré de mauvais pas. Contre toute attente, il avait échappé aux dangers, avait gagné en puissance. Le plus invraisemblable était que le principal intéressé ne se doutait de rien. Avec une innocence tout enfantine, il poursuivait son chemin. Elle aurait aimé glisser sa vieille main dans ses cheveux en broussaille, lui confier quelques paroles d'encouragement. Une tendresse presque maternelle soulevait son corps usé. Elle fut stupéfaite de ce sentiment, elle qui croyait avoir atteint l'indifférence des vieillards. Oui, il fallait qu'elle sache. Ne serait-ce qu'un indice.*

*Memna s' avança vers la bibliothèque. La tranche du Livre des prophéties luisait parmi les autres volumes, comme s' il avait un message à délivrer. Elle caressa le cuir lustré, tira le grimoire de sa cachette. L' éclat du Livre s' amplifia. Qu' arrivait-il donc ? Jamais jusqu' alors Memna n' avait été confrontée à ce phénomène. Alors qu' elle allait l' ouvrir, elle poussa un cri : l' ouvrage lui brûlait les mains. Elle fut obligée de le lâcher. Il tomba sur le sol avec un bruit mat. Ses feuilles défilèrent, comme compulsées par un lecteur dément. La vieille femme recula, horrifiée. Soudain les pages s' embrasèrent. Des flammes noires tordaient le volume, le consumaient. Impuissante, elle assistait à ce carnage incompréhensible. Les serpents de feu calcinèrent jusqu' à la plus infime parcelle de papier. Plus personne n' aurait accès aux divinations. L' avenir restait en suspens, comme un gouffre maléfique. Une brise dispersa le tas de poussière grise. Quand le sol fut net, un rire monta, irrépressible. Un rire aux notes de scie métallique, aussi tourmentant qu' une blessure vive. Le rire de Mordom Horpilleur.*

Réalisation : PAO Éditions du Seuil
Achevé d'imprimer
sur les presses de Normandie Roto Impression s.a.s.
N° 022928
Dépôt légal : mars 2002

Imprimé en France